阅读改变人生

改变人生

2016年
深圳劳动者
演讲录

《阅读改变人生》编委会 ◎ 编

海天出版社
· 深圳 ·

图书在版编目（CIP）数据

阅读改变人生：2016年深圳劳动者演讲录 / 《阅读改变人生》编委会编. — 深圳：海天出版社，2020.8
　ISBN 978-7-5507-2895-0

　Ⅰ. ①阅… Ⅱ. ①阅… Ⅲ. ①演讲－中国－当代－选集 Ⅳ. ①I267

中国版本图书馆CIP数据核字(2020)第066610号

阅读改变人生：2016年深圳劳动者演讲录
YUEDU GAIBIAN RENSHENG: 2016 NIAN SHENZHEN LAODONGZHE YANJIANG LU

出 品 人　聂雄前
责任编辑　南　芳
责任校对　万妮霞
责任技编　郑　欢
装帧设计　知行格致

出版发行　海天出版社
地　　址　深圳市彩田南路海天综合大厦7—8层（518033）
网　　址　http：//www.htph.com.cn
订购电话　0755-83460239（邮购、团购）
设计制作　深圳市知行格致文化传播有限公司
印　　刷　深圳市希望印务有限公司
开　　本　889mm×1194mm 1/32
印　　张　5.75
字　　数　95千字
版　　次　2020年8月第1版
印　　次　2020年8月第1次
印　　数　1—3000册
定　　价　38.00元

目　录

读书，让我变得幸运　一等奖　陈柏书　/ 001

万卷书中觅未来　一等奖　王文垚　/ 006

爱读书，伴我人生一路精彩　一等奖　马　晓　/ 011

阅读不能改变人生　一等奖　王　熙　/ 016

阅读使生命更加丰富和灿烂　一等奖　云　娜　/ 022

好书伴我成长　　二等奖　杨华兰　/ 029

爱书的女人好追梦　　二等奖　逯丹丹　/ 035

阅读铺路 逐梦飞行　　二等奖　李 潞　/ 042

爱读书者赢未来　　二等奖　李 清　/ 048

读书与教育　　二等奖　刘 闯　/ 054

读好书才会有出息　　二等奖　樊静洁　/ 060

读书的力量　　二等奖　罗庆彬　/ 066

阅读，是对人生的思考　　二等奖　陈盈宇　/ 072

用阅读架起梦想的桥　　二等奖　李 辉　/ 078

把书读下去　　二等奖　林 茸　/ 084

丑小鸭的命运　　　　　　三等奖　张明玉 / 089

生命不息，学习不止　　　三等奖　李慧平 / 094

阅读的力量　　　　　　　三等奖　潘　然 / 101

"悦读"，照亮我的人生路　三等奖　张　静 / 106

将阅读融入生命　　　　　三等奖　秦　赓 / 111

书香在捧 喜悦满怀　　　　三等奖　施娟娟 / 116

从普工到作家的逐梦之旅　三等奖　肖小景 / 125

阅读放飞梦想　　　　　　三等奖　余思冲 / 131

山因势而起，水因时而改，士因博学而广达　三等奖　刘　泽 / 137

亲子阅读，成就你我　　　三等奖　黄丽娜 / 142

有书者，事竟成　　　　　三等奖　李晗璐 / 150

以书筑梦"书"写未来　　　三等奖　童宇丹 / 155

阅读与人生　　　　　　　三等奖　盛　军 / 161

阅读让梦想成真　　　　　三等奖　彭馨荷 / 166

喜欢阅读真好　　　　　　三等奖　黄婧娴 / 172

读书，
让我变得幸运

READING
CHANGES
LIFE

||// \ 阅读改变人生 \

陈柏书

五岁那年，我不幸患上了小儿麻痹症，每天躺在床上，听屋外小朋友们互相追逐打闹的声音，听他们摇动树叶的声音，听他们捉迷藏喊"开始"的声音。由于长期卧床，我的左腿肌肉出现了严重的废用性萎缩。后来做了一次手术，开了5刀，没有什么作用。又做了一次手术，开了2刀，依然没有什么效果。我每天躺在床上，数着墙上的小洞，从左数到右，从右数到左……我心里有无数个为什么？为什么？为什么？为什么其他小孩能跑能跳，而我却只能每天躺着？上天啊，你为何对我这样不公平？为什么要让我受尽折磨？为什么不干脆把我带走？留我在世上有什么用啊？……我开始变得愤怒、绝望和茫然，慢慢地，脸上没有了笑容，眼里总是含着泪水，谁和我说话也不搭理，总是假装睡着。我讨厌做手术！

一个经常给我打针的护士姐姐看到我沮丧的样子，送了我几本故事书，让我有空多看看。书里面有张海迪姐姐的故事、有霍金的故事。可能你们无法理解他们的故事所带给我的震撼力，那种感觉就好像我昏睡了很久很久，突然间，有一道闪电从我头上划过，"砰"的一声，我从梦中惊醒。我开始反省，我是多么的自私，多么的愚蠢。这个世界上有那么多不幸，甚至比我还不幸的人，他们没有自暴自弃，反而勇敢地和命运抗争，努力地活出自己的精彩。我又有什么权利放弃生活！

心里有个声音在呐喊：我也要像他们一样！于是我勇敢地接受了第三次手术，手术成功了。虽然我不能像在座的各位可以大步流星地走路，但是相比以前整天卧床的我，已经好了上千倍、上万倍。我第一次感到，是读书带给我幸运，让我有勇气去开启新生。

我出生的地方，是贵州一个非常偏僻而贫困的小山村，村里人基本的生活来源都是种地、砍柴或挖草药。虽然我可以行走了，但是毕竟还是没有那么方便。父母整天为我忧愁，担忧我不能种地、砍柴、挖草药，以后该靠什么生存啊！其实更让他们担忧的是我的终身大事。母亲经常自己边摇头边叹气地说："哎！以后谁家会愿意把姑娘

> 今天，作为一名医生，我把这份幸运带给我的患者，我为他们解除身体的病痛，也会向他们分享书籍，让他们可以通过读书而获得健康。

嫁给我儿子啊！"时间久了，村里人难免有些闲言碎语："老陈家这一脉怕是要绝后了！"母亲每每听闻这些，总是会偷偷地抹眼泪，然后又会坚强地对我说："儿子，好好读书，妈妈愿意一辈子供你上学。"

读的书越多，我越明白，我唯一的出路，也就只有"读书"！所以，我比同龄人都刻苦，我想用书来武装我的大脑，我要像张海迪姐姐一样活得精彩，我想像霍金一样活得辉煌。我经常提醒自己，宁愿倒在奋斗的路上，也不要慵懒地活着。经过不懈的努力，我如愿以偿地考上了医学院并一路读完博士，毕业后作为人才引进来到了深圳这座爱读书的城市。我是村里有史以来唯一的博士，能从患者变成医生，从偏僻的小山村来到美丽的大城市，一个不幸的人居然有能力回报社会，这是我以前做梦都不敢想的事情。我又一次感到，是读书，带给我这"翻天覆地"改写人生的力量，不仅让我有了谋生的饭碗，还让我在救治患者的过程中找到了"我"存在的价值和意义。

今天，作为一名医生，我把这份幸运带给我的患者，我为他们解除身体的病痛，也会向他们分享书籍，让他们可以通过读书而获得健康。

回顾我走过的路，是什么让我有战胜病魔和贫穷的勇气？是读书！是读书，让我从一个被医生救治的患者变成一名可以救治患者的医生；也是读书，让我从一个不幸运的人变成幸运的人；更是读书，让我成为幸运的人后有能力去帮助更多不幸运的人！

万卷书中
觅未来

READING
CHANGES
LIFE

|// \阅读改变人生 \

今天我演讲的题目是"万卷书中觅未来"，我不想说司马迁历经沧桑仍坚持阅读，终成"究天人之际，通古今之变，成一家之言"的旷世之作《史记》；也不想说鲁迅弃医从文，创作了大量名著文学作品，使千千万万的中国人觉醒，继而在沉默中爆发。今天我想说说自己的故事。

其实说起有关读书的演讲，最常见的一句话就是小时候老师告诉我们的："书中自有黄金屋，书中自有颜如玉。"可是在那个年代，两元钱的零花钱够我们花一天，黄金屋并没有公主的城堡那样值得期待。同时，那个年代，在我们的认知里男女的区别不过就是女生有长头发男生没有而已，所以颜如玉好像没有棒棒糖更有吸引力。这样看来，读书也并没有很重要。

后来，老师倡导：读书好，好读书，读好书。可是

"好书"一词难倒了我们。什么是好书？世界名著一定算是好书。那散文小说集呢？街边巷尾卖的报纸杂志呢？那个胆小又无知的年代，常常拿起一本书，因为不知道它是不是好书而不敢读。我仍然记得有一次班主任组织了一场辩论赛，辩题是"开卷是否有益"。大家阐述的论点我几乎都忘了，但至今仍然记得的就是反方一辩的那句："如果是黄色书籍，请问对方辩友，你还能说开卷有益吗？"

懵懵懂懂，读着读着，我们就长大了。

有一天，我翻开一本书，纳撒尼尔·霍桑的小说《红字》。这本书是讲清教徒的禁欲主义与人性的冲突，最终人性战胜了禁欲主义。读第一章的时候，我惊愕于美国这个全世界都认为很开放的国家，原来在建国初期曾是一个清教徒国家，他们致力于建立一个乌托邦式的重视理论和精神生活的社会模式。他们崇尚真正的自由，这种真正的自由涵盖了广泛的道德含义，禁锢了人的天性，并且把一切破坏和蔑视这种自由信念的行为一概斥责为对权威的亵渎。继而女主人公海丝特公开承认和情人的爱恋再一次使我震惊。她为了保护情人牧师的名声，誓死不说出他的名字。禁欲主义当道的年代，哪怕是男女之事提起来都会令人嗤鼻，我无法想象海丝特是有多勇敢，或者说我还没能

> 有一天，我翻开一本书，纳撒尼尔·霍桑的小说《红字》。这本书是讲清教徒的禁欲主义与人性的冲突，最终人性战胜了禁欲主义。

理解她到底爱那个人有多深。但我知道我彻底被这本书吸引了。我疯狂地想要了解美国这个国家的历史和发展历程，更加渴望能够诠释海丝特一切做法的理由。我知道了，我的大学一定要读英文系！

可以说在这之前我是没有理想的，或者说有很多理想，今天想做一名写手，明天想做一名翻译，转念一想，好像演说家也是个很不错的选择。读罢《红字》那一刻，我像是找到灵魂深处最最渴望的精神寄托一样，我要读英文系。进入大学之后，我带着疑问翻阅一本本书籍。直到现在当初的疑问都没有解开，或许是真爱的力量，或许是人性的光辉，或许是美国历史的发展方向本该如此，而海丝特不过是为了这个过程做出了自己的贡献。可是，答案已经不重要了。在这个过程中，我越来越喜欢英文，我找到了自己的发展方向，我明白了自己的心之所向。

现在，我以一名南航空乘的身份站在这里，一定有人会想，你读英文系和你做空乘有什么必然联系吗？做了空乘，你当初追求的英文还有用武之地吗？说到这里，不得不感谢中国南方航空公司，这个国际化的航空公司，不但使我的英文有了用武之地，还拓展了我的知识面，增强了我的英文储备量。每天工作于三万英尺以上的高空，穿着华丽的制服，拥抱着蓝天白云，用我最爱的英文为大家解决切实的难题。这就是我想要的未来。

读书是否真的能改变你的人生，我无法做定论。有人把书籍比作精神食粮，有人说书籍是人类进步的阶梯，我只想说，你迷茫时，困惑时，不知所措、不知道未来在哪里时，不妨静下心来，读几本书，你会发现你想要的未来！

爱读书，
伴我人生一路精彩

READING
CHANGES
LIFE

||/ \ 阅读改变人生 \

一等奖

马晓

　　你还记得你读的第一本书是什么样的吗？我记得我对书最早的印象是一本《格林童话》，童话里的世界是那么美好，令我对未来的生活充满了向往。

　　读书伴我一路成长，读书让我十分幸运地来到了深圳中建电力建设有限公司，入职培训后，我被分配到陆丰核电厂建设工地。这里远离都市，地处南海之滨，火辣的太阳，无休止的轰隆声，晚上又有大只的蚊子飞咬，难以成眠，与曾经的憧憬相差甚远。

　　就在这时出现了我一生最重要的朋友——《心态成就自己》，先是在项目的图书角，后来就成了我的枕边书。我渐渐地打开了心扉，看到身边钢筋师傅在烈日下紧张劳作，顾不得抹去身上的汗水；项目前辈工程师们经常为了工作加班加点到深夜。工地上建设者的责任心，深深地感染了我，是啊，核电的建设关系着周边群众的安全，更是造福人类的清洁能源，中建电力先后承建大亚湾、岭澳、台山、防城港华龙一号等9项大型核电厂工程，创造了从开工至今零死亡、零重伤、零事故的神话，科研成果先后获得52项国家专利，安全质量国际标杆建设达到八级。品质保证来源于科技掌握，这激发了我刻苦钻研的热情，我下定决心继续学习，为核电建设贡献自己的一份力量。

为了更快地投入到工作中去，我如饥似渴地阅读了核电厂质量保证安全规定、质量管理体系、质量保证大纲等相关的程序及法律法规，使得我在公司和业主组织的质量知识竞赛中荣获第一名。工作中，我时常抱着一大摞图纸向工地上的老师傅请教，钢筋绑扎的数量怎么检验，埋件安装的精度够不够，混凝土强度是否满足要求。老师傅细致严谨、精益求精的态度让我认识到在核电，宁愿事前检查，不可事后返工，只有保证施工质量，才能确保永恒的安全。理论知识的学习加上一线工地的直观感受，再加上深圳市质量协会举办的内审员培训，使我成为一名合格的质保监查员。每当看到一座美丽的核电站为祖国大地播撒光明时，每当看到现代核电快速改变人们的生活方式时，每当看到万家灯火一片吉祥、繁荣、和谐的景象时，我深

> *为了更快地投入到工作中去，我如饥似渴地阅读了核电厂质量保证安全规定、质量管理体系、质量保证大纲等相关的程序及法律法规，使得我在公司和业主组织的质量知识竞赛中荣获第一名。*

感一名核电人肩上沉重的责任：为实现中国梦无私付出，为祖国唱一曲最洪亮的核电之歌！

业余时间，我在网上购买了 PPT 等办公软件的相关书籍自学，这为日常工作中的文件处理带来了极大的便利，并为参加广东省 QC[①] 成果交流发布会打下了良好的基础。我与小组成员进行头脑风暴，在普通灯架的基础上进行改良，合力设计并制作高度及方向可调节的实用新型灯架，解决了夜间作业照明不良的问题。活动后我到图书馆查阅《QC 小组成果汇编》等大量相关书籍，总结活动成果，最后凭借"研制 360 度可调节灯架"课题荣获广东省 QC 成果一等奖。

---

① Quality Control 的缩写，即质量控制。

今年夏天，深圳市总工会举办的"知识改变命运，深圳让我成才"报告会到一线活动，三位劳模讲述的个人成才经历犹如一滴滴雨露，滋润了我的心田，令我更加深刻地感受到了读书助人成才的传奇。现在的我已经从一名普通的实习生成长为质保部的执行经理，并获得公司"十佳青年"的荣誉称号。如今我也在阅读二级建造师的相关考证书籍，希望在自己的专业领域更上一层楼。

因为读书，我走出山村来到了深圳这座国际化大都市；因为读书，我从毕业后懵懂无知的青涩少年成长为企业内部的技术骨干；因为读书，我从只懂得专业知识的学术女转变为拥有更多专长和兴趣的更丰富的人。如今是大众创业、万众创新的时代，深圳更是科技之都、创业之都。在深圳这个溢满书香的新型城市里，读书改变了一个又一个像我一样的有志青年的命运，我们热情、勤奋，把深圳当作自己的家，爱读书的我和你们一定会越来越好，深圳一定会越来越好！

阅读
不能改变人生

READING
CHANGES
LIFE

|// \ 阅读改变人生 \

王熙

今天，我站在这里，想告诉大家，阅读不能改变人生。

是的，你没听错，我说的是"不。"

首先，我怀抱十二万分的期待，问一个问题，有没有一本书，让你读了，大彻大悟，从此命运翻转，人生改变？如果有，拜托分享出来，我们一起买，马上买，让宝安书城给个团购价，大家一起改变人生。

左看看，右瞧瞧，大家笑了，大家沉默了。

2015 年，我读了一篇文章，来自同事的朋友圈。作者写道，他曾经"too young, too simple"，他相信，阅读改变人生，于是，他利用一切的业余时间，读书，充电，渴望生活能因此发生改变。然而，几年过去了，从不读书的只有高中学历的同学成了老板，他依旧是那个没房没车的打工仔。作者说，他发现了一个真理，阅读不能使人升官发财。这一年，我参加工作，虽然知道了这个真理，但依然在阅读。

1998年6月1日，5岁的儿童节，我被迫拥有了第一个人生目标：看完书店里所有的书。这一年，阿富汗发生了强烈地震，中国遭遇了特大洪水，我，迎来了狂风暴雨，海啸山鸣。母亲把我带到离家不远的书店，把一个蓝色的BP机挂在我的脖子上，她说："你在这看书，BP机响了，就回家吃饭。"寒来暑往，春去秋来，上小学了，小学毕业了；读初中了，初中毕业了；书店搬家了，书店扩大了。家，学校，书店，这三点一线的生活，我过了十年。十年，我在《老夫子》里读到欢笑，在《辛德勒名单》里读到痛苦，在《纯粹理性批判》里读到纠结，在《全唐诗》里读到怦然心动。我读过言情，读过科幻，读过哲学，读过咏春秘笈，读过《中华人民共和国宪法》。阅读成为一种习惯，成为吃饭，成为喝水，成为呼吸。

2011年10月5日，重阳节，我发现了一个阅读的秘密。我把它告诉大家，希望你们能坚持一下，听完我不到7分钟的胡说八道。这个秘密是，阅读使人永远年轻。这一天，我去探望老师，他退休在家，已经75岁了。他看

> *1998 年 6 月 1 日，5 岁的儿童节，我被迫拥有了第一个人生目标：看完书店里所有的书。这一年，阿富汗发生了强烈地震，中国遭遇了特大洪水，我，迎来了狂风暴雨，海啸山鸣。*

到我，特别高兴，笑容满面，声音中气十足，就像个 20 岁的年轻人。师母告诉我，退休以后，老师每天都在读书，至少读 7 个小时。那一刻，看着老师，我意识到，每一年，他都如此年轻，每一天，他都是 20 岁，每一刻，他流的，都是青春的热血，因为，他一直在阅读。

2015 年 9 月 1 日，开学的日子，我上了人生里第一堂语文课，以一名老师的身份。第一句话，学生就吓哭了。我说："老师不会，也不能帮助你们提高语文成绩，你们一切靠自己。"其实孩子们哭早了，下面还有一句呢："但是，老师告诉你们一个方法，阅读，多读书，读好书。"学生们马上就笑了。他们不屑一顾，不以为然。接着，我说了第三句话："你们当中有些人从没读过书。"教室里，鸦雀无声，孩子们脸上一片茫然。

"我们每个人读书的时候，几乎都有这样的经历，你会发现，有些书是读不懂的，很难接近，很难进入，这是真正的、严格意义上的阅读。"这是梁文道说的。我们每天打开微博，打开微信，看言情小说，看漫画，这不是阅读。真正的阅读是痛苦的，这种痛苦深入你的骨髓，敲击你的灵魂，使你大汗淋漓，甚至喘不过气来。真正的阅读是严肃的，我们思考、理解、挣扎、搏斗、重组，包容新的观点。每一次阅读，我们都在改变自己。

今天，我读懂了学生的改变，莽撞的孩子变得沉稳，自卑的孩子变得自信，怯弱的孩子变得勇敢。

今天，我读懂了老师的坚持，经历过时局动荡，斯文扫地，家破人亡，经历过最深的黑暗，依然相信真理，期盼曙光。

今天，我读懂了自己的呼吸，一路走来，是真诚，是独立，是梦想，是创新，是勇气。

阅读，是呼吸，是坚持，是改变。

这改变不是来何容易，一蹴而成；是跋山涉水，百转千回。

这改变不是平地惊雷，醍醐灌顶；是春风化雨，润物无声。

阅读，不能改变人生吗？

阅读，改变自己；自己，创造人生。

活着，阅读，改变，与君共勉。

阅读使生命
更加丰富和灿烂

READING
CHANGES
LIFE

|// \ 阅读改变人生 \

云娜

深圳有句名言：来了就是深圳人。说明深圳是移民城市这个特点，大家都来自五湖四海。那么现在就请大家猜猜，我是哪里人？湖南？江苏？东北？……估计给大家十次机会也猜不到。我来自内蒙古，虽然既不会摔跤骑马，也不会弯弓射大雕，却是地地道道的蒙古族。是不是有点看不出来呀？（笑）我的家乡是内蒙古一个安静、闭塞的小县城，从小我就爱读书，书本为我打开了一个全新的世界。后来，通过自己的努力我考上了大学，离开了家乡，成为我们家族第一个大学生。记得我离开家乡时，老爸对我说："女儿啊，你是飞出草原的雄鹰，是咱们全家的骄傲。"当时我觉得又好笑又感动。如果说我是飞出草原的雄鹰，那么助我飞翔的翅膀就是阅读。

2005 年，我大学毕业，面临着就业的选择，是留在当地还是回内蒙古？或者是去其他城市？我的内心很纠结。留在当地或者回内蒙古看起来都不错，因为这是我非常熟悉的环境，可这样我有点不甘心，也不符合我喜欢挑战的个性。但是，陌生的环境又让我心里很没底。就在我彷徨的时候，我遇到了《谁动了我的奶酪》这本书。书中描述了丢失了奶酪的小老鼠有两种态度，一种是留在原地不停地抱怨："到底是谁动了我的奶酪？"而另一种则是立即出发，寻找新的奶酪。其实我们人类不也像这些小老鼠吗？如果仅仅盯着现有的东西不放，不仅无法再得到新的东西，而且将无法应对将来的各种变故。于是，我下定决心选择了去陌生的城市工作，去寻找我的新奶酪，就这样，我来到了此前从没有来过的深圳，成为一名边检警察，守卫着祖国的南大门。

西方先贤曾提出人生三大终极问题：你是谁？你从哪来？你要去哪？这也是我们边检警察一直努力追寻的答案，当然这只是个玩笑，但其实大家过关时都可能被问过这三个问题。也许在大家眼里边检就是刷刷卡、盖盖章，其实并没有那么简单。我们不仅要掌握一些专业知识，比如前台操作、伪假鉴别、人像识别等，还要了解世界各国的地理、人文知识等。我们作为国门卫士，是国家的第一

> 于是，我下定决心选择了去陌生的城市工作，去寻找我的新奶酪，就这样，我来到了此前从没有来过的深圳，成为一名边检警察，守卫着祖国的南大门。

道防线，我们就像一张精细的过滤网，一道无形的防火墙，默默地保卫国家和人民的安全，这是一项伟大而琐碎的工作。记得我在新警时，总是毛毛躁躁，差错频出。这时，《致加西亚的一封信》这本书提醒了我，只要你投入全身心去做，没有什么工作是做不好的，没有什么困难是克服不了的。于是，我开始静下心来，从细节做起，从一点一滴做起，渐渐地，我成了我们见习民警中的优秀分子，受到了领导和同事们的好评。

在 2006 年的时候，我们单位要选拔民警做教官，去培训新警。由于我毕业于警校，领导就问我愿不愿意去。其实我当时很犹豫，因为做教官特别辛苦，要在最炎热的三个月里，天天摸爬滚打地练体能、搞训练，也没什么休息时间，是大家都不愿意干的苦差事。这时，我想起了

《平凡的世界》这本书，主人公孙少平最后没有选择回到城市，而是留在了艰苦的矿山工作。我之前无法理解，但此刻我意识到，做更困难的事情其实可以获得更快的进步，孙少平不就是主动选择各种困难，不断打怪升级的吗？于是，我选择了去做教官，而且一做就做了三年，从班长做到副中队长再到中队长，虽然这个过程很辛苦，人也晒黑了、累瘦了，但我帮助了几百名新警更快地融入我们这个大集体中，我锻炼了自己的组织能力、协调能力、表达能力等，这为我后来竞争领导岗位奠定了扎实的基础。培训期间我还因为表现突出，被评为"优秀带警骨干"，获得总站嘉奖。

我慢慢觉得，人生中我们总是会遇到一些重要而困难的时刻，仅仅依靠自己的力量难以克服，这时，阅读就可以助我们一臂之力，让我们做出正确的选择，不断跨越障碍。现在的我，虽然也没有取得什么巨大的成就，但已经发生了翻天覆地的变化，我从内蒙古的小县城来到了祖国开放的最前沿深圳；从当初那个害羞内向的小女孩成长为一名自信开朗的国门卫士；从一个初入警队懵懂无知的小警察成长为一名经验丰富的基层科队领导，是阅读使我的生命更加丰富和灿烂！

德国大哲学家尼采曾说：我们每个人都是一个个独立监牢里的囚徒，我们的视野有多远，这个监牢就有多大。我们的人生宽广与否、丰富与否，取决于我们的"视野"。当然，这个"视野"是打引号的，它不是指我们眼睛看到的地方，而是我们的思想能感知到的范围。我们每个人的一生，与永恒的时间相比，不过白驹过隙。古往今来，每一个人都被限定在一定的时间和空间中，亲身体会的事情和世界都十分有限。但有了阅读，我们就可以超越时间与空间的限制，有了阅读，我们就可以借助他人的智慧，让自己的思想达到更为宽广的境界。你不用真的上战场，但你可以通过读《三国演义》感受腥风血雨；你无法进入奇妙的魔幻世界，但《哈利·波特》会告诉你那是什么感觉；你或许从未去过日本，但《源氏物语》可以帮你了解日本文化的精神内核。阅读改变人生，这并不是一句空话。

曾经有人说"读书无用"，才学与财富不成正比，造成了这个社会浮躁的状态。然而什么都可以浮躁，唯独阅读不可以。阅读是什么？阅读是陶冶性情的良药，是攀登理想的阶梯，是提高人生价值的途径。阅读，就是在帮助个人认知自己，帮助这个民族认知自己，这样我们才可以掌握自己的命运，创造这个国家的未来。

谢谢大家！

好书
伴我成长

READING
CHANGES
LIFE

||/ \ 阅读改变人生 \

杨华兰

尊敬的各位评委，朋友们，大家好！

我叫杨华兰，我演讲的题目是"好书伴我成长"。

42年前，在我刚上小学的时候。我的父亲给我买了一本书，书的名字叫《雷锋叔叔的故事》。当我读完这本书后，有两个美好理想在我幼小的心灵里油然而生：一个是成为一名光荣的解放军战士，一个是加入伟大的中国共产党。真的没有想到，这两个美好的愿望，在我杨华兰的身上竟都实现了。由此可见，读好书、多读书，对一个人的成长、成才是多么的重要啊。难怪苏联伟大的文豪高尔基曾经说过：书籍，是人类进步的阶梯。

上了初中以后，我在党团组织的引领下，先后阅读了好多好多的书。看过了《青春之歌》，从林道静姐姐身上，学到了一个人该怎样走完人生之路；看过了《红岩》，从江姐身上学到了一个共产党员坚贞不屈的优秀品格；看过了《钢铁是怎样炼成的》，我读懂了保尔·柯察金；看过了《把一切献给党》，我感悟到了，怎样做才算是全心全意为人民服务。四十多年来，就是一本又一本的好书，伴着我一路走来，从社会青年转变为解放军战士，从普通战士成长为一名正团职的领导干部。

朋友们，我非常喜欢的一本书，是一个名叫费拉尔·凯普的美国人写的，书名叫《没有任何借口》。记得2004年底我在边防六支队卫生队当政治教导员的时候，一次到北京出差，在王府井大街新华书店里买的。不到20岁的我，就加入了中国共产党组织，并多次被评为优秀共产党员。为什么一位美国人写的书会吸引我，打动我？这本书讲的是一种自我负责的精神，只有对自己负责的人才能对工作、家庭和社会负责。这本书体现着一种敬业精神，倡导着一种诚实的态度，颂扬了一种完美的执行力。《没有任何借口》不仅仅是这本书的名字，更是美国西点军校200多年来最重要的行为准则。

我们大家都知道，美国西点军校200多年来，培养出了2位总统，4位五星上将，3700多名将军，可您是否还知道，从西点军校毕业出来的人里有1000多人，在世界

500 强的企业里担任董事长呢！这么多的优秀人才，在某种意义上说，都是得益于西点军校这个"没有任何借口"的理念。

朋友们，在我们的日常工作中，在我们的社会生活里，有的人，面对眼前的工作产生畏难情绪，找出种种借口来搪塞或者回避；有的人，面对过错和失败，找出种种借口，把自己的因素和责任掩盖或者推卸；还有的人，在成绩和荣誉面前，找出种种借口揽在自己的功劳簿上。朋友们，大千世界里，各种各样的借口总能找得到，可这借口是什么呢？我个人认为，就是挡箭牌，就是懒汉，就是懦夫，就是伪君子的代名词！

朋友们，您还记得吗？面对美国、苏联的"核讹诈"，我国"两弹一星"的元勋们，他们没有丝毫的借口，叫当年的六亿人民扬眉吐气。您还记得吗？面对着河南兰考的种种困难，新上任的县委书记焦裕禄没有丝毫的借口，他敢叫兰考换新天。大家一定还记得今年的里约奥运会，我们深圳福田籍的运动员刘虹，没有丝毫借口，经历了多年高强度的训练，终究像风雨之后的彩虹一样，绽放在全世界的面前。我们信访局的刘翠玲大姐，在信访战线一干就是 22 年。这样的例子还有许多，他们都没有丝

> *大家一定还记得今年的里约奥运会，我们深圳福田籍的运动员刘虹，没有丝毫借口，经历了多年高强度的训练，终究像风雨之后的彩虹一样，绽放在全世界的面前。*

毫的借口，却开辟了新局面，打造了新天地。

朋友们，在改革开放深入发展的今天，我们的事业，我们的单位，我们的部门，在我们的同事和朋友之间，谁都不喜欢那些找借口的人，因为爱找借口的人，不仅是对别人的伤害，对岗位的亵渎，更验证了他自己人格的低劣。没有任何借口，是一个人事业心、责任感的体现，是一个人勇于开拓进取的担当，更是我们伟大的时代精神。

不谦虚地说，我是个很重视荣誉的人，也先后获得过好多的表彰和奖励。由于工作成绩突出，在部队我曾 4 次荣立个人三等功，连续多年被广东省边防总队和边防六支队评为"优秀干部""优秀党务工作者"和"优秀共产党员"；2002 年被深圳市评为"精神文明创建活动积极分子"；2003 年获得深圳市"家庭教育杰出之家"荣誉称号；2007 年荣获深圳市第四届关爱行动"最具爱心人物"；2016 年荣获"深圳市最美家庭"等荣誉。但在这些荣誉里面，我最看重的是"优秀共产党员"的称号。无论是过去带着队伍到汶川抗震救灾，还是现在和深圳所有的志愿者朋友一样长期关注关心自闭儿童、脑瘫儿童、英烈子女、孤寡老人和失独老人，献出满腔情，付出全部爱，当战士的知心朋友，做战士的贴心人和暖心人，这是我在部队时对自己的要求。无论是军人还是公务人员，任何时候，我都会选择以实际行动来践行全心全意为人民服务的宗旨。年近 50 岁的我依然积极主动报名参加深圳首届"阅读改变人生"这样极具挑战性的演讲大赛，我来这里的目的，不仅仅是想锻炼自己、肯定自己，也非常想通过这样的活动，告诉在座的各位 80 后、90 后的小伙伴们，在生活和工作中，每当遇到重点、疑点、难点问题的时候，要不断地提醒自己：只要信念不滑坡，方法总比困难多，任何时候别找借口！

谢谢大家！

爱书的女人
好追梦

READING
CHANGES
LIFE

||/ \ 阅读改变人生 \

逯丹丹

有人说:"生命从自己的哭声中开始,又在别人的泪水中结束,中间的过程便是幸福。"阅读同样是一种幸福,坐着由文字组成的列车,从自己的眼睛出发,在别人的内心里结束,这一趟趟的书籍之旅,阅尽浮华,看遍悲喜。每每结束一段旅行,听这些小精灵一样的文字在耳边叽叽喳喳说个不停,隔着书籍,用阅读的方式,跟这些书的作者们成了高山流水的朋友,内心便总觉得充满了平和喜乐,这让我越发坚信,阅读的人生是充实快乐的,是美好幸福的。

书籍,方正于外,精华内敛,纸页上的文字印着不同的组合,编排成一曲曲蓬勃激扬的乐章,使人的灵魂和它发生共振,为精神增添了新的钙质,让追梦的步伐矫健沉稳。

看书的时候，有些像辩论。阅读书籍，就好似隔着帷帐不断同书的作者争辩，极力想寻出对手破绽。作者也同样努力，想把你柔软的思维纳入他们设定的框架里去。你翻看书籍，看到精彩之处，禁不住猜测他接下来的布局和意图，而结果往往出人意表，这种时候你应该很高兴，因为你碰上辩论高手了。古往今来，先哲们辉煌的思辨与精湛的艺术总让人顶礼膜拜，我们努力把想象的翅膀练到硬而弥刚，汲取传承、思辨变通。作为阅读者，在一场场盛大的辩论中，思想破茧成蝶，演化出超越自身的华丽和张扬。

阅读的时候，有些像旅行。书中的文字，有千变万化的能量，它们化身石桥，带你行经旧镇古路，亭台楼阁，历史的烟云以一种优雅厚重的姿态迎面扑来；它们化为列车，穿行于苍穹天下，文明科技，车声轰隆，格物致知的智慧里充盈着未来的繁复和美好。一本好书一场悟，一次旅行一份福！

阅读的感觉真的难以比拟！它不可揣摩，只许品味，而这回味显得悠远绵长，让生命变得晶莹剔透。

读《傅雷家书》，我看到风雨如晦的时代悲剧中变幻的命运，听到作者在写给儿子的最后一封信中的耳语叮咛，文字和阅读的魅力穿越时空，映照家庭和社会；读《三毛全集》，11 本书，11 个心灵悸动的篇章，这个奇女子，一路走来，从青涩走向成熟，从繁华走向荒漠，笔下的大千世界依然是温柔婉约，真挚动人。阅读，是一种精神的按摩，周身百穴，都因为文字的蕴藉而妥帖顺畅。

还记得当年站在高考岔路之上的忧郁徘徊，我对高分成绩和大专院校录取的落差耿耿于怀，那时候的青春年少、冲动浮躁甚至让我产生了放弃的念头，心情郁闷到把自己宅在房间"大门不出，二门不迈"，周遭只剩下架子上的书籍陪着，安静又平静，在这样的环境里，书本上的文字争先恐后地钻进脑子里，安抚情绪，搭筑信心，那样的感觉新奇而又深刻，也让稍显稚嫩的心逐渐沉稳睿智了起来。大专 3 年，工作 9 年，疲累的时候我都拿起枕边书籍，它们懂得如何细腻安抚，懂得怎样温柔对待。2015年的时候，得知市总工会举办"职工圆梦计划"，即使拖家带口工作忙碌，我也毫不犹豫地报名，挤出各种细碎的时间阅读和学习，这不仅让我收获了专升本各科的优异成绩，也圆了我多年的本科梦，更夯实了内心的那份意气风华。

感谢阅读，它让苦难之蚌孕育出硕大洁白的珍珠，照

> *阅读，是一种精神的按摩，周身百穴，都因为文字的蕴藉而妥帖顺畅。*

亮了追梦的路途，光芒万丈。前些年，因为家庭缘故走上了采购岗位，从酒店管理到企业采购的转变，好比是白手起家，缺乏基础、缺乏经验、缺乏资源，前方是八十一难，我却没有七十二变，迷惑、焦虑、彷徨，千愁百绪，内心世界里整天阴雨绵绵。然而，我骨子里有的是不服输的女强人特质，难，就迎难而上，苦，也甘之如饴！还好还好，在我内心凄惶的时间里，我没有落下阅读：《采购管理》《合同法》《谈判技巧》，一页页的阅读，一点点地修炼；它照亮前路，告诉我真正有智慧的人会从困顿转折中找到成长的契机。最终，经过不懈的努力和积累，我的工作也得到公司高层领导的赞许和信任，放心地将公司采购大权交与我手中。

感谢阅读，让追梦的路上有光亮还有指向，我开始真正明白，有时你不得不改变一下人生的方向，走一段弯路，但是这段弯路的尽头是幸福；我还明白，不管是家庭还是事业，都值得拿一生去拼命，人生那么短，选择那么多，做个盲目有热情的傻瓜又何妨，永远相信自己、相信梦想，选择你喜欢的，喜欢你选择的，哪怕这样的人生不完美，但是它完整。

于是，我越发热烈地着迷于书籍，它们给我打开的一道道天窗，让我充满了更加澎湃的动力，借着文字的力量，一步步从起点走向更加美好的远方。每一年工会都会用心组织各类异彩纷呈的活动，而我总尽力让自己出现在这些热情参与的人群里：趣味运动会，一道道活动关卡趣味盎然，汗水是少不了的，但成绩和欢笑也随之而来；朗诵比赛里，选手们个个字字珠玑，掷地有声，听他们把或美好或昂扬的故事娓娓道来，我也沉浸其中；义务献血，义工劳动，我留下撸起袖管的剪影，眼里有些惶恐，有些疲累，更有赠人玫瑰手有余香的欣慰和温暖，女性在这样的时刻更加楚楚动人，熠熠生辉。

有时候，我站在高处俯瞰深圳这座年轻的城市，它腾跃速度举世瞩目，然而它还年轻，底蕴不足，需要书籍，需要阅读，需要灵性，需要修行，让这座城在流动中充满蓬勃朝气，让这里的人更加奋进，更多创新。这样彰显着鲜活动力的鹏城，真的让人心生喜悦；这样充盈着阅读智慧的城市，真的让人流连忘返。

毕淑敏说她"喜欢爱读书的女人"。书不是胭脂，却会使女人心颜常驻；书不是棍棒，却会使女人铿锵有力；书不是羽毛，却会使女人自由飞翔；书不是万能，却会使女人千变万化。不读书的女人，无论她怎样冰雪聪明，只有一世才情，可书中收藏着百代精华；读书的女人，享用着文字的慰藉滋养，纵然身世普通，地位平凡，也能纵横捭阖，把追梦的路途变得宽阔平坦。

阅读铺路
逐梦飞行

READING
CHANGES
LIFE

|// \ 阅读改变人生 \

李潞

高尔基说："学问改变气质。"苏东坡说："腹有诗书气自华。"的确，一个人的气质、智慧、修养与成功，往往跟长期、大量的阅读是分不开的。山有玉则石润。一个人长久读书，含英咀华，气质自然得到美化，智慧也会随之提升。对于一个国家来说，阅读，是一个民族自强不息、开拓未来的重要手段之一。对于我来说，人生之旅就是阅读之路，阅读在我逐梦的路上起到了无法替代的作用。

一、阅读铸造性格

我小时候和爷爷奶奶一起生活，当时家里就只有我一个孩子，大家不舍得管我，疏于管教的我就养成了爱说谎的坏习惯，用现在的话说就是"一言不合就说谎"。不想起床就谎称身体不舒服、不想写作业就谎称没有作业、不想念书就谎称上学路上有条大狗我不敢走。后来爷爷发现了我这个毛病，就和奶奶商量着给我讲儿童故事教我明事理。从那时起，奶奶每天都捧着儿童读本，戴着老花镜，用粗糙的手指点着书上的字，一字一句给我讲《狼来了》的故事，这是我第一次真正地接触书籍，当时心里是又害怕又紧张，感觉书里的狼随时都会扑出来咬我这个爱说谎的坏孩子。渐渐地，从听《孔融让梨》到看《曾子杀猪》，我变得越来越诚实守信、礼让孝顺。书本在慢慢破旧，我的性格在一点点铸成。晚清重臣曾国藩认为"人之气质，由于天生，本难改变，惟读书可以改变"。这是这位清朝的中兴名臣，洋务运动的代表人物之一，最精辟的人生总结。

二、阅读收获知识

我读初中的时候特别流行言情小说，大街上的年轻男女好像一夜之间就陷入了多愁善感的爱河，大家都开始痴迷琼瑶，幻想自己能有一段轰轰烈烈的爱情。但是老师们却比较喜欢四大名著和外国文学。初二开始我的班主任要求我们每学期看一本名著，每周上交一篇读书心得。这可难倒了我的小伙伴，没有"霸道总裁"和"白富美"怎么

> 晚清重臣曾国藩认为"人之气质，由于天生，本难改变，惟读书可以改变"。

看得下去，更别说要写了！但是长期受爷爷熏陶的我最爱看武松打虎，也同情祥子命运的悲苦。所以我经常帮同学们写读后感，他们说要写哪本，我就马上废寝忘食地看。也就是这样，我的写作水平逐步上升，语言表达能力也越来越好。初三的时候顺利考上了我们当地最好的高中，之后一路顺风顺水，考进大学，迈进央广。

西方有句谚语："人如其所读。"人只有不断地读书学习，才能使自己丰富和深刻起来。当一个人专注于阅读，读过很多好书之后，久而久之，耳濡目染，崇美向善的文字丰盈了心灵，书情雅意博大了胸怀，知识文明熏陶了就会潜移默化成属于你的才华。

三、阅读给我勇气

去年在央广工作之余我看了柴静的《穹顶之下》的文字版，这对于当时生活在北京的我来说确实是一次很深的心灵震撼。我不是在意书里观点的对错，而是佩服柴静在自己工作做得最好的时候毅然辞职重新开始的勇气。我的心里一直有一个蓝天梦，这个梦对于我来说好像真的是遥不可及而且要实现它显得得不偿失。但是我摇摆不定的心在看见她写到"有一天他们会说不，我不满意，我不想等待，也不再推诿"时，彻底坚定，我要追逐自己的梦想，我要去试一试！于是我决绝地向同事和家人告别，开始了我未知的梦想之旅。

正是由于阅读铸就的好性格，我才能从旅客角度出发，为旅客提供优质的服务；正是由于阅读积累的知识，我才能用英语为旅客提供高端的服务；正是因为阅读给我的勇气，今天，我才能站在这里！

我的人生之路，可以说是由阅读铺就，我的逐梦之旅始于阅读。

一个人阅读的力量，决定个人文化的力量，所有人阅读的力量，决定国家文化的力量。在文化激荡、科技发展日新月异的当今世界，我们除了要追逐自己的梦，还需要用阅读筑牢"中国梦"。有了阅读的力量，我们就能够弘扬中国精神"逐梦"奋进；有了阅读的力量，我们就能够凝聚中国力量"圆梦"成真。

梦在前方，路在脚下。为了实现民族复兴的中国梦，就让我们从努力读书开始吧！我会坚持用阅读铺路，用心飞行！

爱读书者
赢未来

READING
CHANGES
LIFE

|// \ 阅读改变人生 \

李清

　　大家好，我是李清，来自中国移动，我今天演讲的主题是"爱读书者赢未来"。

　　家里有一把锄头，祖传的。父亲是村里远近闻名种庄稼的一把好手，一门心思盼望着我早点能接他这手好"锄"艺。他曾经说："读书有啥用？还不得回来陪我舞大锄，没事多干点活啊，多替家里分担点。"早在我十岁那年就把我的人生全都规划好了，勤劳致富修个漂亮院子，种好庄稼养好猪，娶门儿媳妇早日抱孙子，还是一样的配方，还是熟悉的味道。因为要勤劳致富，所以我得白天上学，放学回家收玉米、打麦子、锄花生、砍猪草、烧火、煮饭，啥事儿都干，后来我发现这种"先进"的学习模式在全球流行了起来，叫作"半工半读"。所幸我打小不争气，还真爱读书，不喜欢干农活，年年拿第一，喜欢写点小文章，乡里村里小有名气。有一天，父亲破天荒打了两斤酒割了四斤肉，回家就跟我说："听说你读书还可以，好好读，以后家里的活就少干点，少你两只手影响不大。"后来我才知道，乡里的老校长当着一堆乡亲的面对我爸说："你们家孩子可是咱们乡里数得着的大学苗子，了不起，教子有方啊！"我明白父亲思想转变的原因是什么，读书读得好与坏他没有什么概念，作为一个普通的农民，他感觉到了不一样的尊重，这种尊重不是因为种了一地漂亮的庄稼，也不是因为养出了 500 斤的大肥猪。好好读书，可以打破看似已经提前框定好的未来，这种突破可以赢得尊重。后来的剧本就比较老套了，我确实喜欢读书，学习成绩一路领先，当年我更是考出了内江市中考第一名的成绩，读书让户口本上属于我的那一页飞出了农村，读书也让我父亲做好的人生规划落了空，读书改变了我的人生。

1999 年 3 月，由于品学兼优，我被学校派送到深圳的一家企业报到，事实再一次证明，好好读书可以拥有好工作的机会。我的第一份好工作是每天从流水线上检查12500 多个零件并装箱打包。死板的工作并未让我麻木，擅长阅读的能力再一次帮助了我，30 多种复杂的设备构

> *好好读书，可以打破看似已经提前框定好的未来，这种突破可以赢得尊重。*

造，50 多项产品详细的工艺参数，摞起来将近 2 米高的技术手册，我用了三个月时间烂熟于心，我提出的原材料创新提案更是为车间每年节省了上千万的成本。半年后，我破格成为车间里钱多事少的技术主管助理，流水线上妹子们看我的眼神也不再是从前的路人甲。车间的工友们从我身上看到，通过阅读学习可以改变自己的能量，学习氛围慢慢浓厚，不再想着把流水线坐穿，我所在的车间也成为最早期的学习型组织。读书不光可以改变自己，还可以影响他人。

2000 年 9 月我加入了中国移动，我见证了中国移动通信从 BP 机、大哥大到手机的时代，我见证了中国的移动通信网络从模拟网、2G、3G、4G 到 5G 的时代，我也见证了深圳的移动手机用户从 100 万、500 万、1000 万到 2000 万的时代，时代在推动着我们不断往前，我又怎可以满足于当下掌握的只言片语。刚加入中国移动，不会电脑语言，半个月学习五笔打字每分钟150个，半年考取了办公软件高级资格证书。不会粤语，厚着脸皮把每位客户当老师，一年后粤语成功地成为自己继四川话、普通话后的第三门"外语"。在日常工作中，我并不认为做好"您好，请，谢谢，对不起，再见"十字礼貌用语就是服务的全部，我需要对我的客户和我的产品了解更多，所以就像女人总认为自己的衣橱里少了一件衣服一样，我总会认为自己书架上应该也少了一本书。了解客户少了哪本？提升销售少了哪本？团队沟通少了哪本？服务提升少了哪本？所幸我来到了深圳，万幸我来到了深圳，深圳是一个阅读没有门槛的城市，不管是土豪还是流浪汉，在深圳的书城或是图书馆里，他们都是身份平等的阅读者。

来了就是深圳人！来了就是深圳人！来了就是深圳人！

重要的事情说三遍。今年刚好是我来深圳工作的第18个年头，法律上规定年龄满18周岁的中华人民共和国公民，定义为"成年人"，今年，在深圳，我终于"成年"啦。18年来，我是第一批沟通100服务厅的店长，曾面对面服务了将近80万深圳市民；我是第一位手机阅读的产品经理，将深圳的手机阅读用户从0发展到300

多万，2013 年深圳被联合国教科文组织评为"全球全民阅读典范城市"的申报材料里，有一小块关于数字阅读的内容就是由我整理的；我是国内第一批 3G 网络市场化运营团队的项目主管，让深圳市民率先品尝到移动 3G 高速网络的头啖汤；我是全国第一家动感地带品牌店的店长，将深圳年轻人的朝气、时尚与潮流的个性进行完美诠释。我是深圳市读书月"2012 年度深圳十大读书成才职工"，我还是深圳市优秀义工、深圳市优秀团干。这就是我，一个普通的深圳人，通过阅读改变人生，通过阅读让我成才，让我的价值和我的位置在不断地发生变化，让我也可以做一些不普通的事情。只有未来的你，才可以评价你当下的努力，鸟欲高飞先振翅，人求上进先读书，爱读书者赢未来！

谢谢大家！

读书与
教育

READING
CHANGES
LIFE

|// \ 阅读改变人生 \

大家好，我叫刘闯，是中建二局深圳分公司今年刚刚入职的新员工。在我过去的二十几年里，上学、读书、接受教育应该算是我最习惯也是做得最多的事，要是非要找一件事情和上学相提并论的话，那只能是补课了。这么多年我习惯了学生这个职业，习惯了同学这个称谓。

我的大学英语老师是我班辅导员，是个很喜欢文学、很文艺的一个人。有一次在给我们讲翻译的时候，讲到林语堂先生如何翻译贾岛的"松下问童子，言师采药去"；讲到许渊冲先生如何翻译李清照的"寻寻觅觅，冷冷清清，凄凄惨惨戚戚"；讲到王佐良先生把塞缪尔·乌尔曼（Samuel Ullman）的《青春》翻译成"年岁有加，并非垂老，理想丢弃，方堕暮年"，他不禁手舞足蹈，自豪感爆棚。然而就在这个时候，底下有一个男生直接质问他说：

"你讲这个东西有什么用啊？能提分吗？你就是在浪费我们的时间。"空气突然安静，老师无言以对。

是啊，他说得对，没用，不能提分。但是，亲爱的同学，这并没有在浪费我们的时间，因为刚刚那一刻，他不是在教你怎么考试，而是在做教育！"师者，所以传道授业解惑也。"老师所传授的不仅仅是应对考试的方法，因为如果单纯只是拼知识、拼记忆，我们已经输了！

前段时间有个新闻，由谷歌所开发出来的人工智能程序，传说中的阿尔法狗（AlphaGo），以 4 比 1 的战绩，完胜世界围棋冠军李世石九段。这场人机大战以机胜人败的结局告终。网络信息，知识过人；电脑反应，敏捷过人。我们现在已经听到了，很多人有这样的言论：现在读书还有什么用啊，你看现在移动网络、人工智能，多么方便，知之为知之，不知百度知，谁还需要这些进步的阶梯，我们都用手机这部电梯了！

读书，还有什么用？读书，还有什么用啊！是啊，读书它到底还有什么用？前段时间网上流行过一个段子，说我们之所以要多读书，就是因为当你看到夕阳余晖，水鸟划过，脑海中浮现"落霞与孤鹜齐飞，秋水共长天一色"，而不是"卧槽，这么多鸟，真好看"。当你领略敦煌美景茫茫戈壁刮风是"大风起兮云飞扬"，没风是"长烟落日孤城闭"，而不是"这么多沙子，迷老子眼睛了"。这是一种调侃，但是不自觉间，就道出了读书的核心含义。读书不仅仅是传授给人知识，更是提高个人的修为，增强我们对生命的感受力，从而更好地认知自己并且不断地提升自己。我认为这是读书的核心目的，也是指引我们前行的希望的明灯。

其实我也一样，哪个学生不想着分数更高一些呢，因追逐名利而失去了自我，开始变得浮躁。我们寄希望于考前押题，乐此不疲地研究考试技巧，选项怎么选，三长一短选一短，三短一长选一长，齐头并进选 2B，参差不齐选 4D，对不对！同学们特别地买账，营造出了一种老师高明、学生高超、家长高兴的其乐融融的假象。

慢慢地，随着毕业季的来临，我们开始思考着跟学习不直接相关的内容。我不太想工作，我想去考研了，我爸想让我出国，我毕业之后应该做什么样的工作……我以后应该做什么？这种迷茫已经成为一种普遍的现象，西方的先贤们早就提出过哲学的三大终极问题：我从哪儿来？我是谁？我要去哪？我们学了十几年，竟然不知道自己要做什么。这是教育的巨大缺失与悲哀。

读书不仅仅是传授给人知识，更是提高个人的修为，增强我们对生命的感受力，从而更好地认知自己并且不断地提升自己。我认为这是读书的核心目的，也是指引我们前行的希望的明灯。

自古强大的民族，都是重视读书的民族，众所周知，以色列、德国、日本，这些国家的书籍阅读数量名列世界前茅，是我们全世界学习的典范。以色列小学就开设宗教课；在德国中学哲学是必修课；我同学在日本留学，他除了要完成繁重的学业之外，还要去参加茶道培训、艺术鉴赏这样的活动。当他不屑地向老师问起这有什么用时，日本的老师非常淡然地说："这些活动是教育的重要组成部分，是修心啊！这样才能更好地让同学们了解自己。"是啊，不了解自己我们怎么可能知道我们将来要做什么，如果一个人都不知道自己要做什么，国家与民族就更不知道自己要做什么，那怎么会有在战火中依然强大的以色列？怎么会有在二战的废墟之上崛起的日本与德国？

而我们的国家、我们的民族更是如此啊，我们中国被称为文明古国，经千年颠沛而魂魄不散，历万种灾厄而总能重生，为什么？就是因为我们重视读书和教育。早在我们文化的早期，就已经将孔子这位伟大的教育家，立为我们这个文化的精神图腾。而对于读书的执念，即便在最困苦的岁月、最艰难的日子里，总有人不抛弃、不放弃，总有人把书籍重新拾起、擦拭，奉还于我们的神坛！

曾经我们说，读书无用，才学与财富不成正比，造就了这个社会浮躁的状态。然而什么都可以浮躁，唯独教育不可以！教育是什么，教育是社会良心的底线，是人类灵魂的净土，是立国之本，是强国之基。教育有啥用？教育就是帮助我们个人认知自己，帮助这个民族认知自己，从而掌握个人的命运，并且创造这个国家的未来。我们作为教育者，作为受教育者，要始终谨记，教育、读书的终极目的：为天地立心，为生民立命，为往圣继绝学，为万世开太平！

所以我希望在今后的课堂上，老师们完成自己繁重的教学任务外，再多讲五分钟，再多讲五分钟的林语堂，多讲五分钟的许渊冲，多讲五分钟的王佐良……请别再问，这有什么用？这五分钟，我们不为考试，我们只做教育！谢谢大家！

读好书
才会有出息

READING
CHANGES
LIFE

|//\ 阅读改变人生 \

樊静洁

我是樊静洁，来自深圳市妇幼保健院，是一名普通的医生。很荣幸有机会在这里跟大家一起分享我的故事。

1983 年，我出生在粤北山区的一个工人家庭，从小生活在一个群山环绕的小工厂里。爸爸只有初中学历，他经常语重心长地对我说："阿洁，要读好书，才会有出息。"

我在工厂里读小学，当时学校是泥砖搭建的临时建筑，由于教学条件恶劣，连考试试卷都是爸爸用笔一字一句帮我抄写出来的。上高中那年，我中考的分数全校第一，全区名列前茅，比重点中学的录取分数线高出 20 多分哪！全家人都欣喜若狂。但是，当爸爸去学校询问的时候，录取处工作人员说："哦，因为你是附近工厂的学生，需要交 1 万元的赞助费。" 1 万元？那时爸爸妈妈一个月收入只有几百块，去哪找1万元啊？我清晰地记得，那天，爸爸拉着我在学校门口站了很久，风好大，风把爸爸愁苦的脸吹出了刀刻一般的皱纹，我站在一旁，默默流泪。我恨！我恨命运对我的不公平。为什么？为什么？为什么？爸爸用双手捧着我的脸，对我说："阿洁，你听着，没有为什么，书还要不要读？"我说："要！"爸爸说："我们回家吧，只有读好书，才会有出息！"

后来我选择了附近一间县级学校读高中，虽然学校的教学水平一般，但是我很勤奋，每天夜以继日地学习。心里牢记父亲说过的"要读好书，才会有出息"。功夫不负有心人，2001年我如愿考上了重点大学。我本来还打算继续考读研究生，可是本科毕业那年，妈妈被诊断出患了尿毒症。我从学校连夜赶到医院，妈妈刚刚做完手术躺在床上，医生对我说："你母亲现在已经是终末期了，以后长期要在医院透析。"我用双手摸着妈妈肿得变了形的脸，心如同刀割一般。这时我做出了一个决定，我不能继续读书了，我要去工作，家里需要我，我要撑起这个家！

2006年，我来到了深圳工作。我从一个普普通通的小职员做起，虽然工作量大，经常加班到三更半夜，但是我从不抱怨，也从来没有放弃过学习。别人在喝咖啡的时候，我就在一旁看书学习，我一边赚钱养家一边读书求学。在最困难的时候，我疲劳、我难过、我痛苦、我想过放弃……但是生活还要不要过？命运还要不要去改变？我想起父亲说过的话"要读好书，才会有出息"。那段时间，我周一到周五上班，周六日就马不停蹄地去学校学习。就这样坚持了3年，2012年我取得了中山大学的硕士学位。

由于表现比较突出，2015年我被深圳市妇幼保健院聘为正式职工。在医院工作的这几年，我开始更深入地学习专业知识。一方面如饥似渴地学习医疗新理念，另一方面通过医院平台更好地发展自己。每次遇到瓶颈的时候，我总想起父亲的话：要读好书，才会有出息！经过这几年的坚持、坚持、再坚持，我取得了副主任医师的职称，还获得了医院的肯定和表彰。

近两年，深圳市妇幼保健院如火如荼地进行精神文明建设，开展了兴趣小组活动，我加入了演讲兴趣小组。小时候没有条件去学习，现在每周都能接受专业训练，童年的梦想在这里得到了实现。2016年，医院选送我参加市总工会的演讲比赛，荣获了全市二等奖。此外，我还担任了医院的团支部书记，负责管理团委微信公众号。现在的要读好书，才会有出息！经过这几年的坚持、坚持、再坚持，我取得了副主任医师的职称，还获得了医院的肯定和表彰。

我就像是一只小鸟，唱着悦耳的歌曲，来到了广阔的天空自由翱翔。

爱上了演讲之后，我的生活也在发生着改变。因为小时候没有经过专业老师的培训，所以我如饥似渴般地学习演讲，一边翻阅演讲类书籍一边锻炼演讲能力。有个朋友告诉我："你那么喜欢演讲，可以试试去参加一些俱乐部啊！"听他说了之后，我感觉这是一个学习的机会，在平时下班的时间空隙就去参加读书会和演讲会。就这样坚持了几年，偶然的机会被深圳卫视选中，成了深圳卫视《阳光梦想派》的节目嘉宾，在大大的舞台上讲述着自己的梦想和成长经历。在我看来，成为深圳电视台的嘉宾就是一个梦，小时候梦想着站在镁光灯下的舞台，而今在经过努力学习和练习后，这个梦想终于实现了。在深圳电视台的演艺大厅里，我突然想起了那句话——"要读好书，才会有出息！"

2017年，因为演讲表现比较突出，我很荣幸地收到深圳市总工会的邀请，作为演讲嘉宾参加深圳市"知识改变命运，深圳让我成才"职工读书成才巡回报告会。拿着一纸邀请函，我感到了万分荣幸，我只是一个普通岗位的普通医生，可是却因为努力而如此幸运，为此，我感谢一生中陪伴我的书籍和理想！

走到今天，我再回头，看我曾经的那些经历、那些挫折，一切都是上天对我的考验。我不能选择自己的人生，但是读书可以改变人生的轨迹。

知识流动在血液里，一点一滴，都是薪火相传！

知识生长在发丝里，一丝一缕，都是不忘初心！

知识融化在人生里，一步一脚印，都是阔步前行！

朋友们，是读书改变了我的命运，它使我成为一名白衣使者；是深圳让我成才，它给了我一个进步的平台；最后我想送给在座的青年朋友们一首颜真卿的《劝学诗》，以共勉。

"三更灯火五更鸡，正是男儿读书时。

黑发不知勤学早，白首方悔读书迟。"

读书的
力量

READING
CHANGES
LIFE

||/ \ 阅读改变人生 \

二等奖
阅读改变人生
READING CHANGES
LIFE
★ ★ ★

罗庆彬

　　不知道大家有没有跟我一样类似的经历，每当看到外交官用内涵丰富的词句回答记者提问的时候，每当看到专家学者用缜密的思维分享科研成果的时候，每当看到成功人士用幽默风趣的语言讲述他们成长故事的时候，我都十分羡慕，特别崇拜。我常常在想，到底要做些什么才能像他们一样出口成章、满腹经纶？爸爸妈妈告诉我：读书。

　　我来自四川泸州的一个小山村，从小父母就外出打工，我和爷爷奶奶相依为命。家里学历最高的是小学毕业的父亲，所以，我成了一家人光宗耀祖的唯一希望。"读书是你唯一的出路，你一定要好好学习，上课要认真听讲，作业要及时完成。"这些话语不停地、反复地在我耳边回响。那个时候，读书在我心里只是纯粹地读教科书，然后考一个好成绩，仅此而已。小学毕业，看着身边的好多同学都出去打工挣钱了，我开始怀疑，怀疑我每天这么辛苦，起早贪黑地读书，意义究竟何在？最终，在父亲的强压下，在自我的反复挣扎中，我总算熬到了大学。

读书，成了我的"敲门砖"，一个更广阔的天地在等着我。

进入大学，一向争强好胜的我不知从什么时候开始羡慕起了那些比我有学识、有文化的人，他们身上总有一种特殊的气质吸引着我，他们总能在大小场合表达自如，侃侃而谈；他们总能在课堂上和老师交流深奥的学术问题，阐述自己的观点。后来我才发现，他们身上有一个共同的特点：爱读书。不单是教科书，文学历史、自然地理、社科人文……我加入了他们的队伍，大学四年的时间，图书馆的每个角落都让我流连忘返，读书这件事，有着如此强大的魔力。

读书，开拓了我的眼界，让我做更好的自己。

一个偶然的机会，我加入了学校的志愿服务团队，我做的第一个项目就是关爱留守儿童。作为曾经的留守儿童，我想尽自己的所能给予他们当初的我渴望得到的关心和爱护。所以每到周末，只要不上课不考试，我都会带几本适合他们读的书去看他们，陪他们一起读书，一起聊

> *读书，成了我的"敲门砖"，一个更广阔的天地在等着我。*

天，一起玩耍。我只希望他们不要像当初的自己一样傻乎乎地认为读书只是单纯地读教科书。我希望他们能明白，即使没有父母的陪伴，他们也可以在书中感受到爱的温暖，找到心灵的港湾；我希望他们能明白，即使没有机会走出大山，他们也可以与世界各地的名人大咖对话，在书的海洋里环游世界；我希望他们能明白，即使是穷人家的孩子，他们也可以在书中找到宝贵的财富，改变自己的命运。

读书，丰盈了我的内心，给我关爱他人的能量。

大学毕业后，我很荣幸地成为中铁二局的一员，作为文科生的我到工程单位，我很迷茫，我找不到未来的方向。直到去年 5 月，因为工作调动我来到了深圳，来到了这座被称为"特区"的城市。霓虹灯下，高楼林立，人来人往，这个房价高得让很多人都望而却步的地方，我不明白，不明白为什么那么多人哪怕挤破脑袋都要拼命地到北上广深这样的大城市去打拼？不到一个月时间，我被这座城市彻底地征服了，原因很简单，就是读书。你会发现这里的人，在地铁上看的是书，在路上听的是书，在家里读的还是书。读书增长了他们的智慧，让这个城市变得更有活力；读书滋养了他们的心灵，让这个城市变得更有温度；读书改变了他们的思想，让这个城市变得更具吸引力和创造力。

读书，赋予一座城市独一无二的魅力，越来越多的有志之士奔赴这片热土，抒写着新的历史。

今年，我25岁。是的，我还是个年轻人，但偶尔，我也会盘点自己的生活。回首过去，我想，我最大的收获就是——我一直走在读书的路上，读图书馆陈列架上的书，读社会这本丰厚的书。我不敢去想，如果没有读书，我将会是怎样一番模样？会不会像祖辈父辈一样过着面朝黄土背朝天的日子？如果没有读书，我还会看到我和别人的差距，然后用自己的成长去影响和当初的我一样的留守儿童吗？如果没有读书，我是否会像此刻，站在深圳这片神奇的土地上，为自己的梦想做一点一滴的积淀？

也许我们曾为了要读那么多课本而感到难过痛苦，也许我们曾怀疑过书中是否真的有颜如玉和黄金屋，也许我们曾质疑过读书本身的意义。但我发现，读书真的具有无穷大的力量，它能丰富我们的知识，提升我们的才华；它能滤除我们的浮躁、净化我们的灵魂；它能坚定我们的信念，改变我们的生活。亲爱的朋友们，让我们携手步入这个全民阅读的时代，传递读书的力量，汇聚读书的力量，实现伟大的中国梦想！

阅读，
是对人生的思考

READING
CHANGES
LIFE

|// \ 阅读改变人生 \

陈盈宇

"盈盈一水间""悠悠天宇旷"。大家好！我叫陈盈宇，来自中建二局深圳分公司。我演讲的题目是"阅读，是对人生的思考"。

从记事起，书籍就伴着我成长。当有一天被人问起："你说你喜欢读书，那阅读对你来说意味着什么？"我当时就愣住了。是啊，长时间以来，我似乎从未思考过：到底什么是阅读？阅读带给我什么？我应该如何去阅读？

何谓阅读？我所理解的阅读，是与智者的交谈，是与伟人的对话。阅读，可以让我们穿越时空，去感受古今中外无数圣贤的灿烂思想。阅读孔子，我可以在书里与他探讨"仁者爱人""克己复礼"的仁学思想；阅读苏格拉底，我能在书里与他辩论何谓"认识你自己""知识即美德"；阅读马克思，我才能从源头深处去理解什么是社会主义和共产主义。我认为，阅读就是与作者进行思想碰撞；读一本书，如同参与一场神圣的精神盛宴。

阅读带给我什么？

我最想说，阅读，给予我不曾有过的视野，带给我数不完的精彩。在我爷爷奶奶那个年代，读书是一件很奢侈的事。从小，他们就鼓励我要珍惜机会，好好读书，去往更加广阔的世界。通过读书，我考入了理想的大学，在美丽的珞珈山下，我结识了许多志同道合的朋友，经历了欢笑与泪水交融的校园时光。毕业之后，我加入了中建二局深圳分公司，在中建二局"超越文化"的价值熏陶中，开始我的职场生涯。这就是阅读给予我的世界，这就是阅读带给我的精彩。

阅读，也是对人生的一种思考，帮助我不断地塑造自己。人生路上，一位智者的思想，一本好书的精华，也许就在无形之中帮助我们梳理千头万绪的烦恼。对我来说，对自身的疑惑也好，对未来的不安也罢，我都会在不断的阅读当中慢慢地思考自己想要的答案。读加西亚·马尔克斯《百年孤独》，我思考着孤独与生命的意义；读山本文绪《蓝，另一种蓝》，我想象着也许在世界的某个角落，也生活着另外一个"我"；读马塞尔·普鲁斯特《追

> *阅读，也是对人生的一种思考，帮助我不断地塑造自己。人生路上，一位智者的思想，一本好书的精华，也许就在无形之中帮助我们梳理千头万绪的烦恼。*

忆似水年华》，我在作者的时光追忆中反省着自己走过的路……我渐渐明白，我们每个人的未来其实都有着无限的可能，我们所做的每一个决定都在塑造着一个特有的自己。而我，可以成为任何一种我，这都取决于我对自己的认识。

书海之大，我该如何去阅读？记得在大学里，我的导师经常要求学生带着问题意识去读书。问题意识，就是你想知道什么，因为每个人的关注点都是不一样的。当时我正陷在课题论文的痛苦之中，我去找导师的时候，导师问我："你想知道什么？你想研究什么？你必须要清楚自己的问题是什么。"无奈之下，我只能自己硬着头皮去做。我开始认真梳理自己平时的读书笔记、课堂笔记，过程虽然很痛苦，但最后也慢慢地找到了课题方向。后来我渐渐理解，只有对身边事、家国事充满关心，对周围环境、这个世界充满好奇，我才会知道自己想要知道什么；而知道自己的问题与兴趣，自然就会想方设法地去获取一切相关的知识。而我认为，这种自我启发式的阅读才会更加意义深刻。

我曾读到这样一句话：所谓阅历，就是阅读和经历。灵魂和身体，每个都得在路上。我想，这应该是对人生阅历的最好诠释。我的人生才刚刚走过二十几载，世界那么大，我真的很想去看看。但是，如果我暂时还没有办法去经历那么多，那么阅读，就是我放眼看世界的最佳方式。从学校毕业后走上工作岗位，我仍然没有丢弃阅读和学习的习惯。在公司的读书室里，书架上陈列着的每一本书，都是我的最爱。平时下班之后，我经常会跑到读书室里去转悠，慢慢地挑出喜爱的书籍，每翻开一页，就幸福雀跃得如同孩子一般。在休息日里，一缕暖阳，一杯清茶，一本好书，便是我最惬意的独处时光。

悠悠岁月，浓浓墨香。经过这一番思考，我终于明白：阅读，是一种享受，它像慵懒的阳光滋润着我生命的每一刻；阅读，是一种寄托，它像一座耀眼的灯塔为我指明前进的方向；阅读，更是一种反思，它让知识的种子在我心中萌芽、生长，催促着我去创造精彩、灿烂的人生！

我的演讲完毕，谢谢大家！

用阅读架起
梦想的桥

READING
CHANGES
LIFE

|// \ 阅读改变人生 \

尊敬的各位评委老师、亲爱的朋友们：

大家好！

我今天演讲的题目是"用阅读架起梦想的桥"。首先，请大家看大屏幕，这是今年杭州 G20 峰会的会标，一座印象中的"桥"。沟通世界，连接你我，一座精神之桥，透出融汇古今、灵动开放的底蕴，更在时光流转中演绎着水的情致和历史的悠扬，而我的心中也有一座桥。

1998 年，我考上了当时最难考的师范学校，成了村里第一个跳出农门的师范生，一辈子面朝黄土背朝天的父亲，早出晚归，东拼西凑终于凑齐了学费，却为我每个月 200 元的生活费犯愁。我不知道为这学费，他走了多少路，遭了多少白眼，碰了多少壁。我只知道母亲整天着急地偷偷抹着眼泪；我不知道这瞬间苍老的皱纹背后有多少艰辛，我只知道父亲鞋都磨破了两双！这时，成绩优异的弟弟说："哥，你是最接近梦想的人，我去给你挣生活费！"我永远都忘不了那个早晨，弟弟背着他泛黄的帆布书包，低头走进了浓雾之中，只是书包里不再是书，而是简单的行李。弟弟每个月的工资220元，他把200元给我，自己只留20元。我不知道弟弟做出这样的决定要纠结多久，我只知道校长来劝过好几次，但他却没有复学。老爸因此要揍他，他硬是躲在稻草堆里过了一夜；我不知道这220元的工资要付出多少劳动，但我知道他宿舍床头的书，从文学类到历史哲学类再到自考类，一直在更换。他坚信书中的一句话："如果现实折断了梦想的翅膀，我们就用阅读架起梦想的桥来继续飞翔！"我不知道他是从哪本书中看到的，但我知道他从一个餐厅的洗碗工到拿到大学文凭再到拥有自己的事业，一路走来，不忘初心，他始终没有间断过阅读的习惯。

弟弟用阅读架起了梦想的桥，改变着自己的人生。同时，这桥也支撑起我的梦想，改变着我的人生。师范毕业后我放弃了继续深造的机会，走上了教师岗位，但我一直记得弟弟说的那句话："如果现实折断了梦想的翅膀，我们就用阅读架起梦想的桥来继续飞翔！"弟弟跟我一样，

> *如果现实折断了梦想的翅膀，我们就用阅读架起梦想的桥来继续飞翔！*

用阅读架起了梦想的桥，自学大学课程，并将每天阅读的习惯一直保持到今天！

古人云："士人不当以世事分读书，当以读书通世事。"作为老师，我也在用阅读改变着一批批孩子和一个个家庭的命运，创建书香班级、书香家庭是我每接手一个班必做的工作。

小淳跟很多叛逆的孩子一样，母子之间硝烟弥漫，成绩令人担忧。一次测验后，小淳尽管仍不及格，但进步了。我抓住机会表扬了他，并让他当上了图书管理员，还以他的名字冠名图书角，叫"德淳书屋"。慢慢地，我发现他开始亲近书本，行为没那么躁动了，我感受到了阅读在悄悄改变着他。

后来，我推荐了一些书给小淳妈妈，其中就有《爱的教育》，我也送了一本给小淳。我不知道这母子俩能从这本书中领悟多少，交流多少，但我看到孩子的脸上已经渐渐有了笑容；一直强势的母亲也学会了克制和尊重。一次不经意间，我发现小淳和妈妈一起在整理着德淳书屋，我会心地笑了。也许，这就是阅读的力量，阅读为孩子们架起了博通古今的桥，架起了梦想的桥，更架起了改变亲子关系、改变家庭命运的亲子桥。

有人曾说：深圳是一座文化的沙漠，是一座没有根的城市，我们不过是一个匆匆过客。也有人说：老师和学生也是彼此生命中的匆匆过客。然而我想说，三十多年的改革开放本身就是一种敢为天下先的创新文化，春天的故事让这座文化的沙漠如今不再荒芜，每年一届的读书月活动，就像一股股清泉，滋润着这方热土！读有字之书可以明理，读无字之书可以长智，丛飞、靳伟杰、李传梅的故事就是一本厚重的书，值得我们用一生去珍藏、去研读。而作为老师的我，当参与十万教师阅读行动时，当深圳市优秀班主任的鲜花和掌声涌来时，当我用阅读在一批批学生和家庭的生命中架起梦想的桥，并因此而取得成就时，我不再是这座城市没有根的过客，我不再是孩子生命中匆匆的过客！

鸡蛋从外击破是食物，从内突破则是生命的蜕变，阅读就是一种从内突破的生命蜕变的过程。习总书记说：哪怕一天挤出半小时，即使读几页书，只要坚持下去，必定会积少成多、积沙成塔、积跬步以至千里！亲爱的朋友们，让我们用阅读实现一种由内而外的生命的蜕变，用阅读架起一座通往历史也连接未来的桥，桥的起点不同，但终点却是我们一直追求的阅读的目标：为梦想架桥梁，为生命提质量，为往圣继绝学，为万世开太平！

把书
读下去

READING
CHANGES
LIFE

||// \ 阅读改变人生 \

林苒

记得小时候，爷爷总是和奶奶一起坐在家里的茶几前，他手里拿着书，而奶奶则安详地坐在一旁，此情此景仿佛能天荒地老。

然而那一天，这份安详被我打破了。那天邻居家的小哥哥来家里，我俩不知是谁先从门后面拿起扫帚疯玩起来。正开心之时，只听"砰"的一声，爷爷最喜欢的茶杯被横扫在地，碎了。小哥哥跑了，而我则战战兢兢地准备承受爷爷的雷霆之怒，等了半天却没有批评、没有怒言，当我抬起头时，看见了爷爷深邃的眼眸。他说扫帚在汉朝还有另外一个作用，是礼仪的最高接待方式，叫做"拥彗先驱"，也就是说侍女们拿着桃枝做的扫帚站在道路两旁迎接尊贵客人的到来。我一下子被吸引了，竖起耳朵听他继续说。只听爷爷说："今天我不批评你，但我要责罚你，你要在这些书籍里找到'拥彗先驱'的故事。"奶奶在旁边说:"知书方能达礼。"爷爷说:"没错,你要开始阅读了,书里有更多的故事等着你去挖掘,所以呀,让阅读改变你的行为,要把书读下去!"

这一天,为了完成爷爷的责罚,我在那堆书里翻了整整一天,却不知不觉地读到了大量的历史故事。爷爷巧妙地引导我进行阅读,为我打开了一扇全新的大门,让我窥视到书籍里那个新奇而博大的天地。因为爷爷,我成为一名忠实的读者,并在多年后出版了三本文学书,从一名读者成为一名作家。然而与此同时我在想:阅读的现实意义何在?难道只是让别人见到我后喊一声:哇,你成为作家了呀……只是如此而已吗?我有这么一个经历:那年我第一次前往马来西亚沙巴州亚庇交流时,那一群华人高中生用《双截棍》欢迎我的到来,他们说他们只学唱周杰伦。大家可想而知当时的我有多尴尬。但我灵机一动和他们一起唱起了《双截棍》,问:"你们知道双截棍是谁发明的吗?"有的说是李小龙,有的说是成龙,甚至还有的说是周杰伦。我笑了,说:"都不对,是宋朝的开国皇帝赵匡胤!双截棍最早时叫大小盘龙棍。"瞧,我就这么轻松渡过了难关。各位,我是当时拿着一本书,恰好翻到这爷爷说："没错，你要开始阅读了，书里有更多的故事等着你去挖掘，所以呀，让阅读改变你的行为，要把书读下去！"

个知识点然后轻松解决问题的吗？当然不是。这是阅读的经年积累和知识的厚积薄发产生的结果。所以，阅读的人正在心里发生着一场静悄悄的革命，正在不知不觉地改变我们，让我们能够智慧地解决难题。阅读真的改变了我，让我连着四年到马来西亚沙巴州交流，并且受到了中国驻马来西亚沙巴州副总领事的接见。

然而，当我在心里面感谢爷爷的那句"把书读下去"的话语时，接到父亲电话。当我急急赶回乡时，见原本应该坐着两位白头老人的茶几旁，只坐着失魂落魄的奶奶，爷爷的位置上仅仅放着他的一本书。他在房间躺着，他生病了。骨瘦如柴的爷爷见我进来，眼睛亮了亮，指指我手中的书，让我读。我翻开了第273页，读起了他的诗。他让我这个字改一下那个字圈起来……这是爷爷与诗友们写的诗歌集，好不容易才出版了。他还说要快点好起来，还要出第二期。可是他不知道，他已经没有机会了。爷爷的病，是癌症晚期。

爷爷走的那天，拉着我的手说："孩子，把书读下去！"

"把书读下去！"爷爷的这句话像警句一样铭刻在我的心里。我想，我会一直把书读下去的，因为我知道：阅读能使你知道如何规划生活，让梦想的光芒照进现实，并告诉你到了十年、二十年，甚至是三十年后，你将成为怎样的自己。而我更知道：阅读不止能改变人生，更能让你拥有比一辈子更长的生命！

丑小鸭的
命运

READING
CHANGES
LIFE

||/ \阅读改变人生 \

三等奖
阅读改变人生
READING CHANGES
LIFE
★ ★ ★

张明玉

当得知要参加复赛，心情每天像疯癫的小鹿一样乱撞，脑子里也演练了千万遍我要说的稿子，可是，在比赛前几天我突然意识到，我不想从宏观来抓这个话题，只想说说自己微观的小故事。相信在座的大家应该都听过一个故事，就是睡前童话《丑小鸭》，用句俗话就叫"烂大街的故事"，可是，今天我却想讲一讲丑小鸭的自己。

我是一个女孩子，是一个从出生就不被看好的孩子，从出生就被定义为"女孩子嘛"的生命，自卑是我的标签，"丑小鸭"则成了我的代名词，"女孩子嘛也不会有多大出息，不如男孩子""养儿防老""女孩子嘛最重要是找个好婆家出嫁"。没错，说的就是我，我生长在一个小县城里，可是1994年4月23日的那天，我的出生并没有给家里带来多大欢乐，除了我的爸爸妈妈，他们拿我当宝贝疼着。因为，我是女孩，在文化知识底蕴不足的小县城，重男轻女的观念还是蛮盛行的。从小也因为我的女孩身份，使妈妈不被奶奶待见。一个南方人到了北方整天吃的饭是粗粮、煎饼，菜清一色都是以辣椒为佐料的。你能想象到么，一个南方姑娘正值美好年华，从女孩变成妈妈，却连最基本的吃的都叫人怜惜三分。

小时候家里并不富裕，爸爸妈妈都是下岗职工，靠摆摊卖水果养活一家人，寒冬腊月，起早贪黑，都很常见。对于小时候的我来说，最羡慕的是别人家的孩子，他们有玩具，有零花钱，有新衣服，而我就是那个剩余的孩子，穿百家衣，一角钱对我来说都可以高兴十天半个月。小时候我最喜欢下雨天，有的人就要说了，下雨有什么好，好烦！可是你们知道吗？只有下雨天，才能和爸妈腻在一起一天，直到现在，我还是很喜欢。五岁那年，妹妹出生了，又是一个晴天霹雳。可是，爸爸妈妈从不在意，他们总是鼓励我和妹妹，好好学习，好好读书，将来出人头地。妈妈总说，女孩怎么了，女孩也能撑起一片天，我家女儿都很优秀。所以，从小我和妹妹就知道读书的重要性，不用爸妈催促写作业，不用爸妈担心成绩，因为，我也相信"读书可以改变命运"，对于小县城的我来说，读书或许是改变命运的最佳捷径，我也可以成为那个"别人家的孩子"，我也可以让辛劳的父母放慢脚步。在少不更事的年龄时，我曾对妈妈说过"妈，别担心，我会让瞧不起我们的人刮目相看，我和妹妹以后会赚多多的钱，我们每人都会给你一把钥匙，一把车钥匙，一把房钥匙"，虽然那时候年龄尚小，爸妈当作玩笑，但是，我想说，我说的都是真的。从小学到中学，到大学，我和妹妹都是凭借自己努力取得上学机会，中考位列一榜，大学都是省内较好的本科。渐渐地，我发现，爸爸妈妈抬起了头，每次和爸爸妈妈出门逛街，总是可以听到别人的称赞，妈妈连连点头，爸爸沧桑的脸上也泛出岁月的痕迹，没错，他在笑。那时，我知道，我做到了。

正是从这不断的学历变革中我体会到，读书真的很重要，读书真的是一个捷径。就在今年六月份，我工作了，"读书改变命运"对于我来说，算迈出了一大步。可能会有人在背后说，当个空姐怎么了，这样就改变命运了？或许，你认为我的理想太小，或许你认为我的见识太短，可是，至少我现在可以为家里分忧，可以成为爸妈的骄傲，可以让劳碌一辈子的爸妈也有时间去停下脚步，驻足欣赏世界的繁华。我达到了小时候的那个梦的第一阶段，我还

> *正是从这不断的学历变革中我体会到，读书真的很重要，读书真的是一个捷径。*

在继续前行。说个有意思的事情，当我工作两个月后，我突然意识到：哎，我妈怎么没给我打生活费呢？原来，我长大了，我不需要爸妈再辛苦地付出，我可以回报了。原来，我真的在逐渐改变着自己的生命轨迹，我不再是那个不讨喜的小女孩，也不再是那个自卑的丑小鸭。读书改变命运，真的实现了，成就了今天的我——现在这个站在舞台中心的我，一只美丽的"白天鹅"。

生命不息，
学习不止

READING
CHANGES
LIFE

|// \ 阅读改变人生 \

　　我是一个从希望小学走出来的孩子，在我们学校"知识改变命运"这几个大字刻在了最显眼的地方，虽然每天上学、放学，这几个字都会映入眼帘，可对于小时候的我们来说并不理解，也许那时候的我们已经习惯了这种贫穷和落后，觉得没有什么需要改变的。

　　我来自福建龙岩，是一个客家人，一个从山里走出来，在土里翻滚着长大的孩子。父亲是家里的长子，在我们那有这样一个说法，长子要有一个儿子，好传宗接代。于是，在这样的封建思想下，为了生得弟弟，妈妈一生就是五个。一个家庭里有五个小孩，在我们这代人中，已经很少见了，也因为家里的特殊情况，小时候我们除了读书上学之外，还要承担很多的农活，要比别人家的小孩付出更多的辛劳。

父母都是老老实实的庄稼人，靠着家里的一亩三分地，要把我们几个拉扯大，真的很不容易。每天天不亮他们就要下地干活，家后面那一座座闭塞的山，是他们用汗水一点一点开垦出来的，开荒山，种果树，挖鱼塘养鱼，等等，什么粗活重活他们都干。手磨破了皮，血结成了痂，变成了一个个厚厚的茧子。

小时候，父亲对我们说得最多的一句话是："你们姐妹几个好好读书，考上了，家里无论如何也供你们读，考不上，那我们也没办法。"父亲之所以这么讲，是因为他深知面朝黄土背朝天的辛苦，更希望我们不要走他的老路。每次说完这句话，父亲都会猛喝一口白酒，后来我才知道，白酒可以活络筋骨，父亲原本长得就很瘦小，要养这一大家子人，每天要做很多的事，干很多的活，才能供我们吃，供我们穿，供我们念书。面对如此巨大的压力，唯有酒，且是度数极高的白酒才能缓解他身上的苦和累。

其实，那时候的我，学习成绩并不好，只是我喜欢看书，看各种各样的书，因为对于小时候的我来说，不管干多重的活，休息的时候只要能读一读书，便能驱走身上所有的疲乏。所以，一有时间，我就会拿起书本，把家里压箱底的那一点旧书看完了，把姐姐的课本也读完了，就去借。

记得那时候我们镇上有一个小小的书店，闲暇的时候，我总是跑到书店里看书，我想那个店老板一定非常不喜欢我，他总是用一种怪异的眼神盯着我。因为我从小就没有零花钱，所以我只看不借更不会买，虽然那时候借一本书只需要2毛钱，但是对我来说，就是一种奢望。可即使这样，又有什么关系呢，只要能看书，只要他不赶我走。

幸运的是，在我读小学六年级的时候，我的一个大表姐把那家书店盘下经营，从此我就有了自己的小书库，历史古籍、文学名著、社会科学、政治军事等，什么类型的书我都看，也不管看不看得懂。当然在这些书的类别中，最喜欢的还是文学名著，但凡有时间，我那小小的身影就会出现在姐姐的书店里，姐姐也喜欢我去她的店里，因为偶尔还可以帮她看店。我就在这样的环境下度过了我的童年、青少年。

"知识改变命运，阅读改变人生"，我想这句话大家都烂熟于心，可很多人对此还是嗤之以鼻。曾经我对此也不以为然。在经历了一些事之后，我对这句话有了更深的理解和认同，也许说改变命运有点大了，但知识一定能够改变一个人的生活轨迹，就像现在站在讲台上的我，从山里走出来，走到大城市，来到这里。

2008年毕业后，我选择来到深圳，面对竞争激烈的社会，我依然可以从容面对，这份自信是阅读赠予我的。工作以后，不管再忙，我依然保持着阅读的习惯，在书中，我能够看到更广阔的天与地。我有幸加入了爱迪尔珠宝这个大家庭，成为这里的一员。爱迪尔珠宝从公司运营之初，便创立了自己的内刊杂志《灵感》。因为我对文学写作的爱好，也因为公司人性化管理，从不埋没着一技之长的员工，我有机会接触到《灵感》的采编工作。阅读的积累，对写作的热爱，给我的工作带来了无限的灵感和创造力。我总是能够将书本的东西，通过自己的消化和理解，变成现实中切实可行的东西，当看到通过自己的努力，给公司带来收获，看到同事们送来赞誉的眼光时，我感到无比自豪。

2011年，我的努力得到了公司的认可和信任，我被提拔为杂志主编。任职主编对我来说是一个极大的挑战。为了做好工作，我阅读了大量关于企业内刊工作的书籍，还参加了中国内刊协会企业新闻媒体的培训研修班，并获

> 我总是能够将书本的东西，通过自己的消化和理解，变成现实中切实可行的东西，当看到通过自己的努力，给公司带来收获，看到同事们送来赞誉的眼光时，我感到无比自豪。

得老师的好评，以优异的成绩毕业。我将所学知识运用到工作中，通过自己的努力，将《灵感》定位为传递"精致美好人生"价值观的刊物，带领我们的读者做一个爱生活、懂生活的人，杂志因此受到越来越多终端消费者的喜爱，在我的领导下，杂志多次获得奖项，更是拿下"中国企业传媒一等奖"的荣誉。

学历代表过去，学习力代表未来，我想说，无论什么时候开始学习都不晚，我们可以从书中获得一项技能，从书中领悟一种生活方式，从书中看到外面更广阔的天与地。世界那么大，也许我们这辈子没有机会到世界各地去走一走，看一看，但是我们却可以从书中看到整个世界。命运会眷顾那些永远学习不止、奋斗不息的人。

我们身处这个信息大爆炸的时代，随着移动互联终端的到来，网络更是绑架了我们所有的时间。总听到身边有人说，抽不出时间看书，或许从这些渠道看的信息也是读书。可我不认同，就好像是主食和零食的关系，书本的知识给予我们的是主食，是我们的主要精神食粮，而微信微博这些短小精悍的文字则是零食，是生活的一种调味剂。所以，不管身处何时何地，请重新拿起书本，读一读书，让内心沉寂，让思维更加开阔。我很感谢知识带给我的收获，让我拥有一颗奋斗的心，让我在大千世界不随波逐流，也让我能够心如明镜。最后，我想说，活到老，学到老，生命不息，学习不止。

阅读的
力量

READING
CHANGES
LIFE

||// \ 阅读改变人生 \

三等奖
阅读改变人生
READING CHANGES
LIFE
★ ★ ★

潘然

在文字垒成的歧路山道上，在光阴铺满的田野上，我能听到雁阵惊寒八千里，也能看到梨花一枝春带雨；能听到胡人催马著鞭的边角之声，也能看到南朝四百八十寺的经幡之色……时光的流水湍急若奔，我们都是顺流而下的人。好在还有那一卷卷让我们烛照摸索，攀壁勤勉之书，带给我们惊喜和温暖，启迪与智慧。

这就是阅读的力量。

关于阅读，我得从我的父亲说起。20 世纪 80 年代初的一个夏天，烈日当空，我的父亲手里汗津津地攥着 3 元 7 角钱，赶到新华书店一个朋友处，去取一套人民文学出版社 1972 年版的全套 4 册的《红楼梦》。这 3 元 7 角钱，大约是父亲当时两周的菜金。因为这套书，父亲整整用酱油汤泡饭坚持了两个星期。每天烦琐、繁杂、紧张的工作，并没有影响父亲对阅读的渴求，每一个夜晚，他都把自己关在房间里，如饥似渴地从一本本书中汲取营养，增长知识，在阅读中积蓄力量，等待人生的改变。

从15岁开始，有近13年的时间，父亲仿佛"与世隔绝"般持续着读书和写作的状态。其间，他在皖赣线的南京铁路分局，在铁路工作的前八年，父亲干过决定火车行进方向的人工道岔口的扳道工，24小时坚守在一个孤零零的扳道房里；干过铁路最辛苦最危险的工种——连接员，我们在铁道线上看到一列列火车呼啸而过，都是连接员一节一节车厢编组而成；干过助理值班员，每天在车站站台上接发列车。在日复一日的劳动中，父亲从未放弃过一天的阅读。而因为阅读，父亲少年时就开始痴迷于写作。28岁那年，读了千卷书、发表了30多万字作品的父亲，被单位领导选中直接成为党委干部。很多年以后，父亲已经成为上海铁路局从事宣传工作时间最长、通讯员培养最多、出成果最多的一名企业宣传思想文化工作者。

我对阅读的热爱大多来自父亲的影响。如果没有家中那座三面依墙的书房，也许我至今还在寻找人生兴趣和工作方向。而因为那一册册被编了井然有序的目录、盖了藏书章的书，我的人生目标一直很清晰。从牙牙学语开始，

> 我对阅读的热爱大多来自父亲的影响。如果没有家中那座三面依墙的书房，也许我至今还在寻找人生兴趣和工作方向。

父亲在我成长的过程中，定期给我开的书单，就注定了我与书的渊源。我就这样因为阅读而从小立下了要做与书相关的工作，也坚决地认为自己未来的工作就是出版发行行业。于是，不仅仅是文理分科、大学专业、硕士专业，我一直都在为能走向与书相关的工作而做准备。我的人生也因此改变。阅读给人生的改变从来不是猝然的，而是潜移默化的，当回头再看时，才发现如果没有当初的阅读就不会有我的今天。而对我来说，因为阅读，我从小就有着健全的人格，怀揣对美好事物的向往，相信知识改变命运，相信阅读能够让人走出平庸、改变人生。

无数的人曾被阅读改变。小到我的父亲；再到张生夜夜苦读抱得美人归；大到范仲淹入学舍昼夜苦学，五年未曾解衣就寝，最终成为"先天下之忧而忧，后天下之乐而乐"的真名士。

阅读给了我一种燃烧的梦想和改变人生的可能。而让我更加坚信的是，必将有更多人因为阅读而实现自己的人生梦想，甚至因阅读而彻底改变命运。就像我们今天的城市，把阅读的种子以"读书月"的方式埋下，让所有的追寻者，因阅读而改变人生，走向卓越！

"悦读"，
照亮我的人生路

READING
CHANGES
LIFE

|// \ 阅读改变人生 \

　　读书不一定给你带来短期、直接的经济回报，它只是开阔你的视野，引导你思考问题的角度和看待世界的方式，漫长岁月里你读过的书、付出的努力，终会成为人生某个不经意的转弯里，看似的惊喜。

　　同事张文俊，一名普通的焊工专业的技校生，在我们这个以985、211院校为招生标准的企业里，普通到只能是一线工人，然而就是这个无论从学历、任职资格都无法与诸多知名院校毕业生相提并论的小伙子，却凭借他的妙语连珠、信手拈来的古诗词和行云流水的文字功底，脱颖而出，挑起了公司企业文化建设、对外宣传、重要文稿、大型活动承办等工作，毕业三年便从一线焊工成长为工会干部，晋升为项目党支部书记，并且于2011年获评"深圳市十大读书成才职工"。

你或许以为他只是幸运罢了，可是当你数次在将要闭馆的深圳书城瞥到席地而坐的他，你还认为他只是凭借运气吗？你有想过一个普通一线工人张口即来的古诗词背后，他读过的书本的厚度吗？高学历、工作忙并不是我们拒绝读书的理由，这个世界上最可怕的不是你不读书，是比你优秀的人还在孜孜不倦地阅读！阅读不在于读了多少本书，读了哪些知名作家的书，而是心悦而读，读而悦心，"问渠哪得清如许，为有源头活水来"。

2012 年 5 月，工作 5 年的我因长期眼疾和频繁加班，有大约半年眼睛泪流不止，严重影响生活和工作，于是接受了手术。术后频繁的复查和病情反复让我感觉糟糕透了，回想自己工作的这些年，最初的理想和抱负渐行渐远，看不到希望。内心非常痛苦，不想见任何人，除了见我的主治医生外将自己完全封闭，拒绝亲友来访，没日没夜地在家睡觉，公司工会安排同事来探访我，我也是一再婉拒。听说我一个人照顾自己时，工会刘姐坚持来探望，同行的还有因出口成章、写得一手好文章的项目书记张文俊，他见我情绪不佳便从网上下载了语音读书到 MP3 里面，让我用来打发时间。我开始在睡不着的时候以听的方式开始"读书"，那段时间听了《一问一世界》《致加西

> *阅读不在于读了多少本书，读了哪些知名作家的书，而是心悦而读，读而悦心，"问渠哪得清如许，为有源头活水来"。*

亚的信》等书，心情逐渐明朗，病情也趋于稳定，开始不再抱怨一个人在举目无亲的城市奋斗的辛酸。

我清晰地记得杨澜在书中的那段话："当一个人决定离开床那熟悉的舒适，去石头上睡觉时，他就已经摆脱了某种惰性，而带来许多种可能。有一天，一块顽石上也会留下他的温度。……当你为了一个理想去努力奋斗，而且经历过挫折的时候，我认为你对整个世界的理解，会更深一步……这是人生非常宝贵的财富，你经历过很大的欢喜，也经历过很大的挫折，但是你还能够站起来，重新回到你要做的事情上来，我觉得这是对一个人很大的考验，我很高兴我经历了这样一次考验。"杨澜的话让我不再懊悔当初自己坚决抵制家人的安排，孤身一人来到深圳，"世界那么大，我要去看看"的年少冲动，认识到唯有不忘初心，方得始终。我开始享受读书带给我的愉悦和心灵的静谧，也开始重新思考工作中的不顺心，后来我读了一本书，《30岁之后你靠什么养活自己》，整理了思绪，开始寻找自己的兴趣点和长处，主动学习，自费寻找培训机构在专业上提升，取得了相应的执业资格，工作上得心应手多了，每天都觉得精力充沛，是新的一天。我满怀忐忑主动找了领导说出关于工作的想法，很意外地竟然获得了领导的认可和支持，我觉得自己以往的学习积累和经历开始凝聚成向上的动力，让我每天都充满能量。

回想起以前的我和现在的我，不得不感慨，阅读的力量给予我人生的改变和影响。是阅读，让我相信天行健，君子自强不息；也是因为阅读，让我明白了书到用时方恨少，做人如逆水行舟不进则退。所以我坚信，阅读改变人生，漫长岁月你读过的书、付出的努力，终会成为人生某个不经意的转弯里，看似的惊喜。

将阅读
融入生命

READING
CHANGES
LIFE

||/ \ 阅读改变人生 \

尊敬的各位领导、各位评委，亲爱的朋友们：

大家好！

我是来自洪涛装饰股份有限公司的秦赓，今天，我要演讲的题目是"将阅读融入生命"。

在当今社会，有无数人走出校园，就再也没有摸过书。你跟他说："书中自有黄金屋。"他会说："书中有柴米油盐吗？"你说："书的好处很多很多。"他会说："书的好处就是垫床脚。"你说："闲暇时看书是一种享受。"他会说："有那功夫，我不如去逛街买衣服。"

总有那么多辩驳的理由，总有那么多苍白的借口，生活的忙碌早已让很多人将阅读当成一种负担。然而我忍不住要问了，您有李嘉诚忙吗？他没有很高的学历，更没有富裕的家庭，他从一个穷小子奋斗成了举世闻名的华人首富，他的辉煌靠的是老天爷，还是他自己？有人曾经问他成功的秘诀是什么，他的回答是："读书是我最大的享受。"的确如此，他每天无论多忙多累都会坚持阅读半个小时，从报纸到书刊，从历史到兵法，从政治到小说，各类书籍都是他的心头爱。

可以说，李嘉诚将阅读融入了生命，从而改变了一生的轨迹，他都如此热爱阅读，您还好意思不读书吗？

2014年7月，走出校园步入职场，激动之余不免有些茫然，激动的是读了十几年的书终于可以一展拳脚，再也不用父母供养了。为了理想从家乡吉林来到这繁华的城市，一切新鲜的事物都让我兴奋不已。但，此时的我又是茫然的，走在深圳宽阔洁净的大道上，夜晚霓虹闪烁，建筑物现代感十足，路人的欢声笑语仿佛在质问我何时才能站稳脚跟？新鲜即代表陌生，陌生的环境需要你去适应去探索。当所有的叹号问号毫无章法堆砌在我脑海中时，是阅读让我重新摆正心态，不忘初心，继续前行。

我热爱读书，书籍是人类进步的阶梯，每读一本书，都会有不同的感悟：有些书籍可以提高你的专业技能；有些书籍让你感悟世间的五味杂陈；有些书籍使你为之振奋精神，激情澎湃。每当读一本好书就像经历了一段奇妙的

> *每当读一本好书就像经历了一段奇妙的旅程，让我有极大的满足感。*

旅程，让我有极大的满足感。

阅读使我更加阳光更加自信，我积极参加公司及区里组织的各项活动，并在 2015 年年底的罗湖区新春晚宴作为来深建设者职工代表在会上发言，先后在公司及罗湖区获得了"优秀共产党员"荣誉。很多人说我们把青春献给了身后这个陌生又繁华的城市。其实我想说，不是我们把青春献给了这座城市，而是这座城市把青春留给了我们！

周恩来总理说过这样一句话："为中华之崛起而读书！"是的，不阅读的人生，是没有激情的人生！不阅读的民族，是没有进取的民族！不阅读的国家，是永远无法崛起、永远无法屹立于世界强国之林的！

将阅读融入生命吧！各位朋友，您听到了吗？"希望全民阅读能够形成一种氛围，无处不在"，李克强总理的叮嘱声声入耳。您看到了吗？深圳第十七届读书月活动正在如火如荼地进行。这是国家的倡导，这是党的号召，这更是心灵的呼唤！我们作为中华儿女，就应当人人参与进来，热爱阅读就是热爱党和国家，享受阅读就是享受青春和人生，让我们将阅读融入生命吧，让阅读构建起成功的人生，让阅读撑起美丽的中国！

书香在捧
喜悦满怀

READING
CHANGES
LIFE

/// \ 阅读改变人生 \

施娟娟

1986 年的夏天，我出生在深圳市妇儿医院，可以说与这座经过改革巨变飞速发展的城市一同长大。我爱阅读，将阅读看作是与一本本书结下善缘。从懵懂稚童到而立之年承担自己的社会责任，每一步都有阅读之功、书籍之力。我尝试梳理自己与书本的缘分，它们仿佛电影画面般在脑海闪过。

第一幕是阅读给我基础价值观的构成。小时候妈妈会讲各种童话故事，那些鲜活生动的人物经历深深吸引着我，给予了我与书本最初的遇见。后来渐渐认识的字多了，收到的礼物常常是一套套读物。安徒生童话、格林童话、四季童话，在那些童话的世界里，善良的公主会有英俊的王子来解救，努力的丑小鸭会变成美丽的天鹅，讲谎话的孩子会长长鼻子，邪恶的女巫会被正义所制服。童话让稚嫩的我懂得了假恶丑终将泯灭，只有真善美的传承才能让生活变得更好。

1997 年第一座深圳书城建成，开幕那天爸爸带我去了，人很多，逛了几大圈才能跟着人群挤进去。对我而言那真是书的海洋，但更震撼的是爸爸目光中的喜悦，仿佛要把全世界的好书都捧到我面前。那一刻我懂得读好书、走好路、做好人是父母对我全部的期待。阅读陪伴着我最温馨的启蒙，让我感受到书本背后寄托的浓浓亲情，让我在爱中成长。

第二幕是阅读陪我走过的求学之路。从幼儿园到高中我都在深圳实验学校就读，学校图书馆里挂着这样两句话：一句是"知识就是力量"；另外一句是"书山有路勤为径，学海无涯苦作舟"。那个时候每次报到领书后都要回家包书皮。洁白的封面，五彩的内容，伴着我度过了不计其数的大考小考。高考时我的历史成绩全校第一，我至今保存着一套教材，每次翻开都想起老师说的，先把厚书读薄，再把知识存厚。

这些教科书构成了我最基础、最系统的知识架构，在文字之外还让我学到了最简洁的数字语言，最包容的物理学公式，最变幻的化学反应，给我打下了人生进阶之路的基石。

是阅读鞭策我走进中南财经政法大学，修完会计学法学双学位；是阅读带领我走进社会赢得工作岗位的敲门砖；是阅读让我产生提升自身价值的警示动力；是阅读让我知道在知识面前自己的渺小，需要不断努力奋斗上进。

第三幕是阅读给予我兴趣的源泉和创作的动力。我是一只书虫，书城里、草坪上、山林间，有好书为伴，日子都是快乐的。看人物传记，惊叹于他们用信念的力量抒写下的精彩人生；看武侠，折服于江湖儿女豪情万丈义薄云天；看史书，嗟叹于朝代更迭荣辱交替；看纪实文学，感慨于宏大的时代与渺小的个人，鲜艳刺目的对比。

还记得当《三国演义》《西游记》《水浒传》都从读本走到荧幕中时，我跑去图书馆借了一本厚厚的《红楼梦》，还悄悄藏在书桌抽屉里，盖上一本地理参考书偷偷地看。张爱玲、琼瑶、席绢、梁凤仪、倪匡、李碧华的作品我都有所涉猎。

初中有一阵儿班上的同学又突然开始传阅金庸的武侠小说。那时候有这个读本的同学并不多，我还记得我的同桌说他父亲的书房有一套金庸小说，我们就撺掇着他半夜起床去书房拿，第二天再带到学校给我们看。那时真的被

> 是阅读带领我走进社会赢得工作岗位的
> 敲门砖；是阅读让我产生提升自身价值的警
> 示动力；是阅读让我知道在知识面前自己的
> 渺小，需要不断努力奋斗上进。

书里的侠气震撼，对那个满是侠之大者、为国为民的豪气江湖心向往之。当时给自己取的 QQ 名就叫刀光剑影。

又过了好多年，在栀子花开的大学，蓝天白云碧草幽幽，原创文学的大潮滚滚而来。那一段时间我看完了桐华的《步步惊心》、谈天音的《女皇神慧》、寐语者的《帝王业》、果果的《花千骨》、海晏的《琅琊榜》，当时其实一点儿都不知道十年之后的这些原创作品会成为时下最火热的大 IP①，一部部被搬上屏幕，只知道看到一本好书绝对可以废寝忘食、心旷神怡，大叹书中自有颜如玉，书中自有黄金屋，古人诚不欺我。

走的路多了，经的事儿多了，心中也有自己的故事，一点点在键盘上敲下来，一章章发上网络平台，有了自己的读

---

① Intellectual property 的缩写，即知识产权。

者，他们关心着故事情节的发展，给予写作意见，不知不觉几年间写下几十万字的作品。还记得当出版社编辑打电话给我告知要出书的时候，我都有点蒙，她在电话那头说："亲，你怎么没有激动得跳起来，这是件大好事儿啊。"拿到成书时我已走上工作岗位，算是给大学时代的一个美好纪念。

是阅读让我感知了兴趣的力量，让文学在一点点的时光荏苒中深深地融入我的生活，让固守规矩的思维模式插上梦想的翅膀，让平凡的日子都四季花开。

第四幕是阅读给予我自身的积淀成长和对未来的思考探索。我曾经在长途飞行时一口气读完了柴静的那本《看见》，从一个记者的角度记录着那些不为社会大众广而得知的事件，宏大的时代与渺小的个人，鲜艳刺目的对比，直击内心。

2011年我入职社保局，负责综合文书和信访工作。基层社保工作繁琐而重要，关系到千家万户基础民生。来到我面前的有群访的，有缠访的，有拍桌子砸东西的，有哭闹不休的。每每与来访人沟通听他们诉说那些无奈苍凉的事，都不禁与书本相对照，感触很深。随着工作的深入，我感到自己储备的不足，萌生充电的渴望。

2013 年我通过全国研究生考试，被深大 MPA[①] 专业录取，开启了平常上班周末上课的模式。写毕业论文那半年，所有业余时间都泡在图书馆里，翻阅了上百篇参考文献，提炼数十年各类参保人群数据，针对现实问题寻求解决办法。同时我着意加强理论联系实际，改进工作方式方法，多次被评为优秀公务员，主持科室各项评优台账材料创建，在各类社保培训中担任主讲人。今年夏天我顺利毕业，回头看这段时光，学习成长的过程早已超越了荣誉学历本身，我发现自己更理解公共服务的意义，更懂得公共责任的担当。

我想起曾经数次在井冈山的天幕下感受那种纯粹的不带杂质的夜空与星星，没有霓虹闪烁，没有万家灯火，只有脚下的弯弯山路和头顶的点点星光。静谧中遥想炮火弥漫的日子，不禁念起那些气势恢宏的句子，山下旌旗在望，山头鼓角相闻；早已森严壁垒，更加众志成城。今天我们踏实无忧的生活是多少代人不息奋斗的结果，岂可随意辜负。

我想，这是一个最好的时代，又是一个矛盾不已的时

---

① 公共管理硕士。

代。当物质生活得以满足，人们开始思考更多关于精神的支撑、文化的传承、未来的走向。经典国学的回归成为越来越多人的呼唤。我渐渐更愿意将时间投入到经典的研读上，还欣喜地发现社会上真的有这么一些人，在日复一日地努力传承这些最宝贵的文化财富。

《礼记·学记》有言："就贤体远，足以动众，未足以化民。君子如欲化民成俗，其必由学乎。"读好书必定是一个民族发展兴旺的基础，是一种清新的社会风气展开的基础。

前两天我和朋友到一个同事家做客，她跟我同龄，有个两岁的女儿和八十岁的姥姥。孩子很聪明，会背《水调歌头》。为了逗她，我们缓缓起调背着，"明月几时有，把酒问青天，不知天上宫阙，今夕是何年……"，两岁的孩子听到声音就放下手中的玩具一直专注地看着我们，姥姥也微笑地跟着无声诵读。那一刻我能听见的就是我们背诵的和声，看见的就是老人家慈爱的目光和孩子清澈的眼神。那种感动是猝不及防的，心仿佛被什么敲击了一下。我想只有文字吧，只有文字的力量能够这样跨越时代、跨越年龄、跨越血脉。

朋友们，阅读吧。她会是你失落无助时温暖的支撑，是你彷徨无依时橘黄的路灯，是你繁花似锦时无波的镜面，是你阅尽壮丽后不变的追随。无论前方工作生活将面对什么，让我们铭记"博学之，审问之，明辨之，笃行之"的格言，不忘初心，坚持学习，以书存志，志存高远。

从普工到作家的逐梦之旅

READING
CHANGES
LIFE

|// \ 阅读改变人生 \

三等奖

肖小景

我叫肖小景，来自龙华富士康。我演讲的题目是"从普工到作家的逐梦之旅"。

2012 年，我有幸从 1000 多万农民工中突围出来，入选"深圳十大读书成才职工"，并被挑选为优秀宣讲员，参加深圳市"知识改变命运，深圳让我成才"大型巡回报告团，多次深入工厂和企业与广大来深建设者零距离交流，还作为深圳市唯一代表，远赴广州参加省总工会"中国梦·劳动美"演讲比赛。可我总感觉这一切是在梦里。13 年前，我从湖南农村来到深圳打工，从没想到会公开出版作品，成为深圳市作协的一员；没想到作品会被广州农民工博物馆收藏；更没想到自己会获得"深圳十大读书成才职工"这样的荣誉，成为媒体采访报道的对象。

我本平凡，这些许的成绩实在是时代和深圳所赋予的。如果说，有什么让自己骄傲的地方，那就是，因为阅读，我找到了梦想的支点；为了梦想，我从没放弃过。

2003年7月，我来到陌生的深圳富士康。因为文凭不高，只是一名流水线上的作业员。在这个普工多达十几万的大型企业，我就像茫茫大海中的一颗水珠，看不到未来。一个偶然的机会，我接触到了富士康的内刊《鸿桥》，它像一道闪电照亮了我的未来。那时，工作条件还比较艰苦，我几乎每天都要站着上班12个小时，可不管下班多晚、多累，我都会在书店再看一两个小时的书；即使每个月只有300多块钱的工资，再贵的书我也舍得买。我拼命从书中学知识，找灵感。为了不影响工友休息，常常躲进公共洗手间忍受着蚊子的叮咬。

凭着努力和执着，我的作品不断在《鸿桥》发表，逐渐成为"产线明星"。我开始尝试创作小说。两个月瘦掉了四斤，我的中篇小说《石鼓门》终于在《鸿桥》连载，在读者中引起很大反响，编辑部甚至举办了专场交流会。但上苍似乎爱捉弄人，我接下来的几部小说都在写到一万多字的时候变成了废稿。字字都是心血和汗水的结晶，我心灰意冷，脑子里只有一个念头：一个乡下妹怎么能奢望走进文学神圣的殿堂？感谢编辑老师一直鼓励，热心的读

> 因为阅读，我找到了梦想的支点；为了梦想，我从没放弃过。

者也一再给我打气，我终于坚持了下来。

2006 年，我如愿以偿调入《鸿桥》编辑部，成为一名文字编辑。这些年里，我编辑了 200 多万字的稿件，撰写了 60 多万字的新闻报道，业余时间仍然辛勤耕耘着文学梦想。多少个白天，别人正在阳光下散步、逛街，我却把自己关在屋子里看书、码字，饿了，就啃几块又干又冷的面包；多少个夜晚，别人早已进入梦乡，而我还在冥思苦想，一再忍受着灵感的折磨。

功夫不负有心人，2008 年，我的小说集《门外即天涯》公开出版。2011 年，我的长篇小说《青春灰烬》再度受到花城出版社的青睐，公开出版。我的故事被富士康工会作为百万员工自学成才的典型拍成励志片，在 30 多个园区循环播放，我还在深圳、成都等多个园区开展了巡厂签售活动。我也从一名普通的工人，升职为富士康科技集团的重要干部。

可是，没有人知道，在我追梦的旅程中，心口上一直有一道不敢触摸的伤痕，那就是对孩子深深的愧疚。整整7年，因为收入不多，我不敢把女儿接到身边，只能在节假日回老家当上几天真正的妈妈。因为牵挂女儿，多少次我在睡梦中哭泣，泪水浸湿了枕头。特别是有一年，年幼的女儿将村里人的玩笑话当真，认为妈妈不要她了，心理压力过大，头发大把大把地掉，远在深圳的我心急如焚，却无法回家探望，夜夜在梦中哭醒……2009年，我终于有能力把一家老少接来深圳生活，在富士康工会的帮助下，女儿还在公办学校就读。2013年，经过两年的自学，我拿到了中山大学汉语言专业的大学文凭；2014年，顺利积分入户，两个孩子也随迁入户，成了深圳的新市民。2015年，我幸运地申请到了政府的安居房，尽自己所能购买了一套85平方米的小三房，实现了人生最重要的安居梦。

作家梦、大学梦、城市梦、安居梦……13年的逐梦之旅，是阅读为我打开了人生的这扇窗，让我看到了更多更美的风景，得到了更多的机会。自学可以成才，阅读可以改变人生，关键是你有没有一颗永不放弃的心。感谢阅读，让我生命中那些灰暗的日子也充满了光彩；感谢深圳，让每一个奋斗过的平凡人都找到了自己的归宿。阅读，改变的不只是人生，更是生命的意义！

阅读
放飞梦想

READING
CHANGES
LIFE

|// \ 阅读改变人生 \

余思冲

大家好，我叫余思冲，万分荣幸可以站在这里和大家分享一些故事——关于三个女人。

当我第一次看到我们的演讲主题"阅读改变人生"的时候，我有些慌张。仔细想一想，阅读改变人生，那么知识改变命运，勤奋可以造就天才，多么宏大的人生命题啊！我怕我 hold 不住①，所以我现在决定和大家聊一聊家长里短。

小时候母亲问我："长大了，想考什么大学？"

我问母亲："大学是什么？"她耐心地解释。

我又问："那最好的大学是什么？"

她脱口而出："北大，清华！"

---

① 网络用语，这里指把握不好。

我说："好！我就考清华大学。"结果，我只差了一点，我考上了南华大学。

我把同样的问题问了我的奶奶，她说她读的是"太阳大学"，我似懂非懂。

长大后我才知道，她的意思其实是"面朝黄土背朝天"。

我的奶奶，没这么简单。她出生在20个世纪30年代，家境贫寒，但是她却识字，上过小学，读过几天初中，看过一些《三字经》《菜根谭》，家中常备《毛主席语录》，她甚至知道"万般皆下品，唯有读书高"的道理。

她是一个裁缝，一个手工业者，但是她居然从来都没有让她的儿子、女儿，碰过针线，踩过缝纫机。她对子女说得最多的两个字，就是"看书"。她对于子女看书的态度，那么强硬，不容置疑。因此在菜地里，在阁楼之上，在小溪边，都有两兄妹看书、读书的身影。读书竞赛，成了家庭中的乐趣。

在那个年代，凡是谁家有考上大学的，总会露天放电影，以示庆祝。小镇上的头两次都在我们家，一个是我爸爸，一个是我姑姑。感谢我的奶奶！

我爸大学毕业后，分配到了一所高中任语文老师。在学校里他认识了一位年轻漂亮的女老师，很巧那个人就是我妈。

别的孩子在玩泥巴的时候，我在背《唐诗三百首》；别的孩子在看《黑猫警长》的时候，我在看《安徒生童话》；别的孩子拥有变形金刚的时候，我拥有了中国古代四大名著。

别人家孩子的睡前故事可能是《猫和老鼠》，而我是《凿壁偷光》，是《悬梁刺股》，是《闻鸡起舞》。从小我妈就告诉我，什么是"书中自有黄金屋"，什么叫"腹有诗书气自华"，如何"书读百遍，其义自见"。我受益匪浅。

现在我身处外地，母亲的嘘寒问暖不止于"你吃饱了没有""你穿暖了没有"？她会问我最近有没有看书，有没有对于阅读的思考，不要虚度光阴。

母亲是一个执着于读书的人，她参加过两次高考，在复读班里，她就是绝对的学霸。除复读班外，学校还有一个常规班，而常规班里的学霸特别巧，就是我姑姑。她们同一年考上大学，我妈读了师范，我姑姑上的是理工大学。

我姑姑毕业后对自己的工作极其不满意，因此她果断

> 从小我妈就告诉我，什么是"书中自有黄金屋"，什么叫"腹有诗书气自华"，如何"书读百遍，其义自见"。我受益匪浅。

放弃，毅然决然地来到了改革开放的前沿阵地——深圳，就在中兴公司，做通信技术。但是要知道，她所学专业与通信技术毫不相关，在网络远没有如今发达的那个年代，她只有靠书本自学。为了进入这家公司，她啃了几十本书，没日没夜，眼镜度数越来越大，头发也白了一些。但是功夫不负有心人，她如愿以偿。

如今她已在深圳立足近二十年，她完成了一个成就，对于我这种刚来深圳不久的年轻人是难以望其项背的，那就是拥有一套深圳市区的房子，而且是还完了银行按揭贷款的那种。

我很小就来过深圳，去过大梅沙、欢乐谷，来过深圳书城。这些都是姑姑为我创造的条件。我感谢她，也感谢自己，读了这么多年的书，和很多学生、知识分子、创业者一样，也跑到深圳来折腾自己。

这就是关于我家三个女人的故事。

这里，我特别想引用麦考莱的一段话："如果有人要我当最伟大的国王，一辈子住在宫殿里，有花园、佳肴、美酒、大马车、华服和成百仆人，条件是不允许我读书，那我决不当这样的国王。我宁愿是一个穷人，住在有很多藏书的阁楼里，也不能做一个不读书的国王。"

阅读改变人生，往大了说，为天地立心、为生民立命、为往圣继绝学、为万世开太平。周总理讲："为中华之崛起而读书。"当然，阅读是一种力量，它也实现了一个家庭的梦想，成长而幸福，快乐而知足。对于我个人而言，它达到了我定的一个小目标，比方说站在这里和大家讲一些我的故事。

谢谢！

山因势而起，
水因时而改，
士因博学而广达

READING
CHANGES
LIFE

||/ \ 阅读改变人生 \

刘泽

尊敬的各位领导、各位同事：

大家好，我演讲的题目是"山因势而起，水因时而改，士因博学而广达"。读书是成长的基石，读书是精彩人生的开始。

海阔凭鱼跃，天高任鸟飞。每个人都有自己的梦想，这个梦想，也许是一份平淡的渴望，渴望成功，渴望掌声；也许是一个简单的信念，相信自己，专注远方。梦想，是一架通往希望的桥梁，不管最终是否能到达彼岸，拥有梦想，就有了追求，有了目标，有了前行的力量。现在，伟大的习近平总书记讲到实现中华民族伟大复兴，是我们中华民族近代以来最伟大的梦想。这个梦想，凝聚了几代中国人的夙愿，是每一个中华儿女的共同期盼。而我们要实现梦想就不能停下学习的脚步，多读书、读好书，汲取更多的知识来奉献我们的工作以及我们的祖国。周恩来为中华崛起而读书。毛泽东一生爱读书，他曾说过"饭可以一日不吃，觉可以一日不睡，书不可以一日不读"。鲁迅少年时，冬天晚上读书冷，就把辣椒放在口中嚼，用辣椒驱寒，坚持读书。

在他们看来，读书，充实了生活，拓宽了视野，从书中懂得了知识，从书中了解了如何全面地评价历史，如何客观认识自我。从书中能够吸收丰富的营养，积累大量的学习材料，这使我受益匪浅。我深深感到：书多么繁华，是多少敏感的心灵在喜怒哀乐中碰撞出来的火花，书是多少深思的头脑对社会、对人生反复思索的结晶。

读书，为我们拓展了视野，丰富了我们的人生，让我们勇于奉献，能更好地建设南航，能更好地实现自身的价值。就好比现在的我热爱事业，我在自己的岗位上奉献出自己的价值。回想那些日日夜夜学习苦战考空姐的岁月，每天恶补礼仪、英语、社交方面的知识，每分每秒都要把握，最终我的付出得到了回报，我来到了我们公司。虽然过程之中有迷茫，有艰辛，但更多的是无悔，我从中得到的不仅仅是一份职业，更是明白了读书的乐趣，现在的我都会在床头放一本书，每天细细去品味书中久违的乐趣，读书，为我们拓展了视野，丰富了我们的人生，让我们勇于奉献，能更好地建设南航，能更好地实现自身的价值。

找寻一份属于自己的宁静。慢慢地，这个习惯已经成了一种生活方式。不喜欢喧嚣，不喜欢嘈杂，喜欢在书中慢慢品味另外一种人生。

最近我在读《闻书香 识女人》这本书，该书让我更加清楚想做一个成功的知识女性，就需要怀抱着一个梦想不断地努力学习，提高自己的素质。这样才能更好地在我们的工作中实现自己的价值，更好地去奉献我们的事业，去奉献我们的祖国。今天，我们一路风尘，踏歌而行，带着对青春梦想的渴望，对南航事业的热爱，从四面八方汇聚到这个温暖的大家庭。我们心符跳动，我们激情勃发。这，是我梦想的起点；这，是我人生的航班。我们，让心声装满期待；我们，让梦想连着未来！我们的心海，是一首纯真浪漫的歌谣；我们的事业，是一条绚丽缤纷的彩带；我们的激情，是跳动着不知疲倦的音符；我们的青春，是播种着充满希望的未来！

一个人的一生其实是非常简单的。你的寿命再长，精力再丰富，也只能看到这个世界一个小小的角落，也只能经历漫长历史的一个瞬间。但是，有一件事可以改变它，那就是阅读。阅读可以使你活一次，活几次，活几十次，可以走到很多你无法了解的人生中去，可以走到一些你永远无法到达的地方，我想这就是阅读最美妙的地方。

作为一代有追求、有志向、有理想的青年人，我们必定要以顽强进取的战斗姿态，默默奉献的青春风采，为南航事业的蓬勃兴旺而不断拼搏。同时，读书学习，以饱满的姿态去为我们的梦想奋斗！

我的演讲完毕，谢谢大家！

亲子阅读，
成就你我

READING
CHANGES
LIFE

|// \ 阅读改变人生 \

三等奖
阅读改变人生
READING CHANGES
LIFE
★ ★ ★
黄丽娜

我们家的亲子阅读是从儿子豆豆2岁4个月的时候开始的，如果说不是严格意义上的阅读，那么是从胎教开始的。记得那时我好像从哪本书上看到说要给孩子多讲讲故事，多说说话，自己是完全没有阅读意识的，所以当时在超市买了一本故事集，每天晚上由我跟爸爸轮流讲，后来豆豆出生就"断片"了。所以才说我是没有意识地阅读。

直到豆豆2岁4个月，上幼儿园了，才又想起阅读这回事，其实那时我也不知道"阅读"这两个字，是叫讲故事，而当时买的书大多数也是从超市买的从小就听过的故事书，比如《乌鸦喝水》《小红帽》《狼和七只小羊》《小壁虎借尾巴》等。当时也没有明确的目的说要通过给孩子讲故事呈现出一个什么效果，特单纯地就觉得该看书听故事了。

每晚的亲子阅读时间，是我和儿子最享受也最期盼的时光，孩子依偎在我怀里，我们感受着彼此的心跳，呼吸着彼此的呼吸，而我亦闻着孩子头发上有时带着的汗酸味，共同徜徉在书的世界里，感受阅读的美好与恬静温馨。直到现在，我们陪伴彼此共同走过了7年的亲子阅读时光。

不同角色带来的模仿声，时而欢快，时而忧伤，时而哭泣，时而大笑，时而低沉，时而高昂，我们穿梭在不同的主人公的命运里，与他们共体验共成长。

后来买书我不再局限于超市，无意间听说了当当网，从那时起我知道了故事书还有一种称呼叫"绘本"。从我们的亲子共读体验来看，绘本确实像商家和专业人士介绍的那样，更受孩子喜欢，因为这是以图文结合、图文并茂的形式讲故事。一本优秀的绘本即使是无字书，孩子依然能知道书里在讲什么故事，而且对孩子的想象力有充分的调动和发挥的空间。在现在这个数字媒体快速发展的社会里，孩子们接触的多是电子产品，孩子们还来不及思考为什么的时候，已经被画面牵制着走进下一个画面，所有需要被仔细观察才能发现的细节，都没留时间给孩子们去挖掘，但纸质书本尤其是优秀绘本就不同了，孩子可以在任何一页自己想仔细看的图画前停下来，发现书里的奥秘和乐趣。

所以，豆豆常常带给我很多惊喜和意想不到。记得有次我在看《石头汤》，其中有一幅图是三块石头按从小到大的顺序叠放在了一起，我看了半天没看明白，为什么要专门画这么一张图，我就去请教儿子。我就知道不虚此行，儿子果然给了我极大的惊喜答案。儿子说："有可能这三块石头代表了三个和尚，最年轻的，中间的，年长的，年长的放在最下面是为了保护其他两个和尚；有可能是最上面的小石头代表刚开始只有三个和尚，第二块代表后来慢慢出现的其他村民，第三块代表所有的人都来了；有可能是小女孩刚好找到了这三个大小不一的石头。"阅读，大人从来不是占主导地位的。还有一段时间，豆豆特别迷《三毛流浪记》，各种版本看了又看。有一天早上上学前，豆豆说："妈妈，我要带零食去学校跟同学们一起分享。"我感到惊讶，因为平日他最喜欢吃的东西是不太愿意分享给别人的，更何况这次是主动分享，我就随口问他为什么要带给同学吃，豆豆说："三毛就是这样做的，在只有一个馒头的时候，还分一半给他的伙伴。"当时我看着豆豆，心里就想：这就是阅读的力量，这就是阅读带给孩子的喜悦与改变。

去年参加中国童话节，豆豆自己编写的童话故事《鲸鱼和鳞虾》获得了金奖；作文《泰华苑奇遇》在《小作家》刊物上发表。他不仅是在写作方面很好，跟人交流、沟通也不错。遇到事情时的随机应变也是阅读带给豆豆的明显收获。

有次我的朋友建议她的儿子跟豆豆做一天跳蚤市场，把家里用不上的毛绒玩偶拿去卖。因为当时我在上班，没办法看豆豆是怎么跟别人促成交易的，下班后我询问豆豆得知，其中有一桩"生意"是这样成交的：有位女士背着跟我一样的包，豆豆就以这个为切入点跟人家聊了起来，这时刚好豆豆的搭档捉了一只螳螂，豆豆又顺着螳螂跟人家聊起了昆虫——这是他最感兴趣的，后来女士就买了玩偶。也许大家会说，你这是在告诉我们你儿子有多会做生意啊，跟阅读有什么关系？其实不然，我认为促成孩子这笔"生意"的恰恰是孩子的观察力和健谈，他知道怎样跟人家快速拉近距离，而这种能力深藏在日积月累的阅读中，是阅读潜移默化地、润物细无声地浸润着孩子。我相信那位大人是被孩子的智慧征服了，不是说"书中自有黄金屋"吗？所谓的"学以致用"大概就是这样吧。

不死读书，不读死书，关键时候能帮自己达成目的。当然我并没有抱着这么明确的目的与功利心让孩子阅读，可阅读的妙处恰恰就在这里。都说生意是聊出来的，那也得有得聊啊。如果一开口就一味地说："你买个玩偶吧！""你需要玩偶吗？"大概成交就不会这么顺利吧！

那日所得的 20 块，豆豆买了 3 杯甘蔗汁，自己一杯，搭档一杯，另外一杯送给一个大约 4 岁哭闹着要买甘蔗汁而爸爸不给买的小妹妹。我问豆豆为什么这么做时，豆豆说："做好事。"我又问："是不是小妹妹身体不舒服，所以叔叔不给买？"豆豆说："不是，是叔叔说贵。"大约是从父女两人的谈话中听来的，其实后来那位大人拿出 5 块钱给豆豆，孩子没要，他说这是他的心意。说这件事情时，豆豆脸上有满满的幸福感和满足感，多善良的孩子，多动听的故事，就发生在我身边。这样的事还很多，豆豆总是会用语言用行动带给别人温暖和感动，我曾收到世界上最美的情话，有一次因事外出，一整天没有见到豆豆，回到家，小家伙说："妈妈，我想你想得心都枯萎了！"

一路走来的亲子阅读，与其说是我陪伴孩子，不如说是彼此陪伴，在这个过程中我也成长了不少。从一开始的一无所知，局限性的看书；到现在不仅看绘本，还在学习

不死读书，不读死书，关键时候能帮自己达成目的。当然我并没有抱着这么明确的目的与功利心让孩子阅读，可阅读的妙处恰恰就在这里。

专业的知识，看专业的书籍；再到现在的小有成绩。也许跟许多走在阅读路上的高人来比，我这点小事算不上什么成绩，但于我个人而言已是很大进步了。我现在主要参与我所在工作单位宝安区图书馆的"图图姐姐讲故事"；每日录制微信公众号"宝图娜娜故事"音频故事；用周末及平日工作时间参与走进校园的推广活动；进幼儿园讲故事；在深圳市彩虹花公益小书房学习讲师课程；参与宝安区全民领读人培育计划"分享二十四节气"的主讲课程；去年7月我参加了全国首届中小学课文朗读大赛，获得了成人组的金奖；8月我参加了全国图书馆员少年儿童经典读物书评大赛，参赛的书评《绿山墙的安妮》获得了三等奖。学无止境，阅读更无止境，我从站在窗里，到打开这扇窗看到一抹绿，到走出窗外看到一片绿中的红色点缀，到跑到大森林里探索我的无限可能，谢谢你——我的孩子，谢谢你带妈妈重新找回童心，谢谢你在妈妈看不懂绘本时给妈妈指点迷津，谢谢你带给妈妈心灵的洗涤。

每当听到认识或不认识的朋友说"孩子听你的故事听了一遍又一遍，那么认真、专注地听""丽娜，你讲故事很有感染力，很有情境感"，甚或有读者听了我的现场故事后带朋友一起来听，我心里的感受是无法用言语表达的，这应该就是被需要的满足感和价值感吧！时间会给我们最好的证明，而我只需不断地积累和充实自己。

我想，我做了一件无心插柳柳成荫的事。我还会继续我的亲子阅读之路，邀您一起！

最后，我想用我曾听到过的一段话结束我今天的分享：

送孩子十本书，不如送孩子一本好书；

送孩子一本好书，不如送孩子一种阅读方法；

送孩子一种阅读方法，不如有一个可以跟孩子分享阅读的爸爸妈妈。

有书者，
事竟成

READING
CHANGES
LIFE

|/// \ 阅读改变人生 \

三等奖
阅读改变人生
READING CHANGES
LIFE
★ ★ ★
李晗璐

　　小时候，读书对我而言，不过是"父母之命，老师之言"。我只知道，作业要做完，考试要考好，否则，会被揍。

　　真正明白读书的意义是在步入社会以后。和许多初入社会的同龄人一样，我渴望成功，于是我开始阅读名人传记，希望从前人的事例中总结经验。渐渐地，我发现，成功之路虽各有不同，但成功人士都有一个共同的特点，就是"爱读书"。没错，就是读书。一个人能否取得成功和很多因素有关，比如时代、比如出身、比如机遇，但这些是我们无法掌控的。然而，读书不同。读不读书、读多少书、怎样读书都是我们可以把握的变数，也正是这个变数，在潜移默化中改变了我们的人生。

　　说起读书改变命运，脸谱（Facebook）创始人扎克伯格的妻子普莉希拉·陈绝对是逆袭的典范。普莉希拉·陈，出身难民家庭，相貌平平，凭借自己的努力，她一路成绩优异地考入哈佛，最终，这位众人眼中的"丑女"不仅成功征服"高富帅"，更是实现职业梦想，成为人生赢家。回看普莉希拉·陈的成长史，没有背景、没有奇迹、没有灰姑娘，也没有潜规则，有的只是"读书改变命运"的千古良训。

其实古往今来，读书改变命运的例子数不胜数，而对我而言，影响最深的，就是我的外公。外公是个孤儿，很小就被迫去当学徒。在那段又苦又累的日子里，他深刻地明白了一个道理："如果没文化，只能被剥削。"于是，他参加了建国初期的扫盲班，从零到有，开始了自己的求学生涯。之后，外公考入公安局，成为一名人民警察。他坚持学习、刻苦钻研、屡破大案、屡立新功，后来还受聘成为武大法学院的兼职副讲授。从文盲到教授，一路走来，留下的是一堆堆书籍、一页页阅读、一次次思考、一天天坚持。

就在前两天，外公知道我参加这次比赛，他鼓励我说："真正有作为的人，都是勤于读书，善于思考，迎难而上，勇于拼搏，不干则已，干就干好。"这，就是一位

> *读书不同。读不读书、读多少书、怎样读书都是我们可以把握的变数，也正是这个变数，在潜移默化中改变了我们的人生。*

老人，对孙女的谆谆教诲。这，就是一位老人，用自己的一生诠释着读书的意义。

你相信命运吗？我信，我相信出身富贵的人，比普通人有更好的条件，读更多的书，走更远的路。你相信命运吗？我信，我相信出身贫寒的人，历经磨难，终将成为命运手中那漏网之鱼，而读书，就是你摆脱命运枷锁的力量所在。

这是一个固化的时代，也是一个变化的时代。什么固化？阶层固化、贫富差距越来越大，富人的孩子总是富人，而穷人的孩子依然是穷人。而变化，则体现在思想多元、包容创新、不问出身、总有奇迹，每个人都有理由相信，通过读书，你和富二代的差距，可以仅仅是一个爹。

这是一个繁华的时代，也是一个浮华的时代。好在这个时代物质丰富，大多数人有书可读；好在崇尚阅读，以读书为荣。但糟糕的是，这个时代人心浮躁、缺乏信仰，从学界到业界、从作者到读者，纯粹的东西越来越少，功利的痕迹越来越多，以至于我们对"读书改变人生"的理解竟局限到了"读书就能挣钱"。

读书，到底改变了什么？跟在座的绝大多数人一样，它没有带给我如山的财富，也没有改变我生命的轨迹。过去，通过读书我取得职业生涯的敲门砖；现在，那些读过的书写在我的脸上、藏在我的话里，成就了此刻站在这里的我。我终于明白：所谓的读书改变人生，不仅体现在财富的提升和命运的转机，因为你的眼界、你的思维、你的谈吐、你的气质，无一不与读书有关。读书，让我们在迷茫中找到方向，在困难中积聚力量，在孤独时内心丰盈，在喧闹中不忘初心。它带给我们的是坚持，是梦想，是智慧，是力量，是苦心人天不负，是有书者事竟成！

以书筑梦
"书"写未来

READING
CHANGES
LIFE

|// \阅读改变人生\

童宇丹

今天，站在这个舞台上，我想和大家分享一段我与阅读的爱情故事。它虽然没有跌宕起伏的故事情节，但它却让一个来自福建农村的小女孩，看到了更大的世界，也遇到了更好的自己。

小学五年级时，我第一次读世界名著《悲惨世界》，它告诉了我什么是爱和感恩；上中学时，当我读到顾城的那句诗"黑夜给了我黑色的眼睛，我却用它来寻找光明"，让我感受到了文字的力量；大二时，当我读到杨绛的《我们仨》，它让我看到了另一个世界，杨绛在这本书里，描写了许多她和钱锺书在英国剑桥留学时的美好时光，这些内容让我对这个爱书的国家产生了浓厚的兴趣。2013 年 8 月，我经过考雅思、申请学校等一年多的艰辛准备，终于来到英国开始了自己的留学生活。如此看来，这本书成功地"诱惑"了我。

留学期间，除了面对繁重的学业压力外，我需要同时干两份兼职。为了节省开支，我常常下班后，一个人走在凌晨一两点的大街上。好几次，因为学业和工作上的压力，我蹲在路边放声大哭，我觉得自己快要坚持不住了。在这段非常难熬的日子里，我经常翻看《林依晨的纽约贝果日记》，它给了我许多动力和鼓舞。

书城为我编织的小小阅读梦

2015 年，我从英国回来后，带着对书的那份喜爱加入了深圳书城中心城，负责活动策划和主持的工作。在这里，我经历了许多人生的第一次：第一次策划公益文化活动时的新鲜、有趣；第一次主持大型活动时的紧张、兴奋；第一次因为微信内容编辑出错，而意识到细节的重要性……对我而言，工作的每一天都是不一样的挑战和新的突破。

在刚刚过去的读书月，我们策划了 2016 "年度十大童书"评选、读书月辩论赛、温馨阅读夜等 60 多场精彩纷呈的公益文化活动。其实，策划工作并没有大家想象中的那么简单，它需要不断修改、打磨，才能定下最终方

> *阅读对于城市人而言，就是这样一盏灯。在深夜，它永远亮着微黄的灯光等候你，带给你希望和温暖。*

案。虽然这样的工作很繁琐，周末也需要经常加班，每当自己最后一个离开办公室时会觉得有些孤单害怕，但我始终觉得自己所做的一切都是有意义的，因为它可以让更多读者体验到阅读的快乐，它也让我在这个过程中不断挑战自我，勇于创新。

在工作的这段时间，我也遇到了林清玄、周国平、冯唐、安东尼、闾丘露薇等名人作家，聆听了许多与阅读有关的故事。去年年底，我在主持著名媒体人白岩松的新书见面会时，他说了一句让我印象特别深刻的话，他说："我今天站在这里，并不在乎这本书的销量如何，而是为了告诉更多人阅读的重要性。因为阅读，不仅可以改变一个人，它也会让这个世界变得更好。"这句话，我一直记在心底。

"即使整个城市都陷入了黑夜，这盏灯也为你亮着"

虽然，我可以与许多名人作家面对面交流，但更打动我的却是深圳读者。前几天熬夜加班，我和同事路过24小时书吧时，发现凌晨一两点的书吧里，许多年轻人正在认真看书。看到这样的画面，我非常惊讶。我在想到底是什么力量牵引着他们呢？对文学纯粹的热爱，还是迷茫不知所措后短暂的逃避，亦或是他们正在厚积薄发，努力为自己的梦想而奋斗呢？

我一边看着这些读者，一边看着离他们不远处，书吧门口玻璃上的那句话："即使整个城市都陷入了黑夜，这盏灯也为你亮着。"我想，阅读对于城市人而言，就是这样一盏灯。在深夜，它永远亮着微黄的灯光等候你，带给你希望和温暖。

我非常感谢阅读，因为阅读让我在23岁的那一年，来到英国留学，看到了更大的世界。现在，作为一名年轻的书城人，阅读已经成为我生活和工作中的重要部分，它不仅是一份工作，更是一种使命感。

德国哲学家雅斯贝尔斯说："教育意味着一棵树摇动另一棵树，一朵云推动另一朵云，一个灵魂唤醒另一个灵魂。"我觉得，我的工作就是这样，它虽然很平凡，但却"书"写了无数人的梦想。未来，我将会多读书，读好书，让阅读改变更多人！

阅读与人生

READING
CHANGES
LIFE

|// \ 阅读改变人生 \

盛军

很多人说，所谓历史，不过只是任人评说打扮的小姑娘，人类在这领域内的一切作为，既理不清发生了什么，更谈不上预见未来将会发生什么。我虽不赞成，却也不反对这种观点。我认为，对待自我生命，要有种历史情怀，要有种时代责任感，能突破狭隘的虚无主义，自觉自发地担起自我生命的职责，以一种严肃认真的态度书写生命的篇章。而阅读，真正的阅读，正是实现这一愿景的不二法门。

阅读让人生明朗

我们为什么阅读？不同的人必然有着不一样的答案，古人早就帮我们想到了："书中自有黄金屋，书中自有颜如玉。"当然，这并不是阅读的全部意义所在。于我而言，阅读清晰了我的人生脉络。我出生于20世纪60年代末，我的少年时代和青年时代都与国家特殊的历史时期相重叠，既经历过风雨飘摇的"文革"后期，又最先受到了改革开放春风的洗礼，一个个历史浪潮的冲击让当时的大多数人都晕头转向。22岁那年，我的母亲便早早地离我而去。当时我迷惘了，我想要的是什么？我的人生该往何处去？幸好我没有放弃阅读，没有放弃学习，当时阅读过的许多书籍给我的人生留下深刻的烙印。时至今日，我仍清晰地记得《钢铁是怎样炼成的》里面的那句名言："人最宝贵的东西是生命，生命属于人只有一次。人的一生应该是这样度过的：当他回首往事的时候，他不会因为虚度年华而悔恨，也不会因为碌碌无为而羞耻。"

阅读让人生沉淀

我们阅读厚重的历史，所以我们知道，我们生在当下这个时代，无法选择，无从逃避。我们阅读了许多人的过往，所以我们知道，人的一生，其实会遇到许多莫名其妙与意想不到。生命的坟冢，由无数的相遇与分别堆砌而成，如果死亡对所有人而言都是不可避免的，那为什么我们还要如此坚强和执着？时光之河的两岸，应该有一种伟

我们阅读厚重的历史，所以我们知道，我们生在当下这个时代，无法选择，无从逃避。我们阅读了许多人的过往，所以我们知道，人的一生，其实会遇到许多莫名其妙与意想不到。

大精神的堤，一种高贵情操的岸，引领我们，避开虚妄的礁石，让生命之舟沿着正确的航向前行。几十年来，不正是那面鲜艳的五星红旗在最危险的时刻带领我们站起来，在最艰难的时候带领我们走下去；不正是那无数的仁人志士用汗水、鲜血乃至生命凝聚成革命的丰碑，铸就成功的道路！我阅读，所以我深深地懂得，所以我深深地被感染。

阅读让人生从容

很多年轻人，在这个国度，兜兜转转，来来去去，却始终困在原地。他们抱怨，他们哀叹，他们渴求成功，却从不认真去回味。然而，于大多数年轻人来说，最大的问题是阅读太少而空想太多。人生其实就是一本书：人生二十，成功是有人愿意把自己的经验与心得倾心相传；而立之年，成功是能够妥妥地维护并开创自己与他人的利益；人生四十，成功是种"内不惑于己，外不困于人"的达观与自在。你看这个世界的一花一草，未曾劳作耕耘，不一样以一种优雅的方式存在于世吗？行走在这个无比辽阔的大地上，你何曾祈求过什么，但命运却已经把一整片蓝天都送到了你眼前。人，尤其是年轻人，要阅读，才能智慧、自信、从容、心生光明。真正的阅读，让心得到安宁，懂得阅读，才会遇见属于你自己的风情。

　　路漫漫其修远兮，吾将上下而求索！一个人的生命在烟波浩渺的历史长河中，就像石头相互撞击产生的火花转瞬即逝，我们怎样才能使这转瞬即逝的火花闪得更亮一些，亮的时间更长一些，的确需要我们去思考，去探索……知识的积累，源于对生活的阅读，而阅读生活，一千个人会有一千种姿态。要有一种操守，坚信某种精神的天然伟大；要有一种风骨，坚定不移地稳步前行，就一定能够成就心中的理想！

阅读
让梦想成真

READING
CHANGES
LIFE

|// \ 阅读改变人生 \

彭馨荷

大家好！我叫彭馨荷，来自深圳出入境边防检查站。今天我演讲的题目是"阅读让梦想成真"。

小的时候，父亲总是喜欢给我买书并且对我说："热爱读书吧，阅读可以让梦想成真。"有一天，我终于忍不住问父亲："阅读真的能令梦想成真吗？"父亲笑了笑，给我讲了一个故事。

在一户农家里住着一位老人和他的孙子。有一天老人问小孙子："你长大了想成为什么样的人？"小孩充满稚气地回答："我长大了想成为一个博学的大师。"老人给了小孩一本《道德经》，说："梦想，从读书开始。"几年之后小孙子跑到老人身边说："爷爷，我一直坚持在读，但是我却猜不透书里面的意思，有时候我似乎理解了一丁点，可是一合上书，好像又立刻忘记了。这样读下去有什么用呢？"

老人没有回答他，而是指了指身旁装煤的篮子，说："用它去河边打一篮水回来。"孩子照做了，但我们知道竹篮打水一场空，篮子里的水在他没回来之前就漏完了。孩子一脸不解地看着老人："爷爷，用竹篮打水有什么用呢？你瞧，篮子里面什么都没有。""你真的认为什么用都没有吗？"老人微笑着说："你看看这篮子。"孩子看了看篮子，发现这一路上经过河水的洗涤，篮子变得十分干净，竹条上一点煤灰都没有了。

"孩子，这和你读古籍一样，你觉得自己只理解了只言片语，也可能什么都没学会，但是在你阅读的过程中，那些文字已经在潜移默化地影响着你，塑造着你。"小孩记住了爷爷的话，后来他一直保持读书的习惯，终生与书籍为伴，最终成为我国宗教学的泰斗。他就是已故国学大师任继愈先生。

听了这个故事，我很受启发，于是我也渐渐地爱上了读书，并且一直保持着读书的习惯。这些年，我通过不断的课外阅读，不仅丰富了知识，开阔了视野，更多是感受到了灵魂的洗礼。无论是史书巨著中的深度思考，还是浅显小文中的点滴感触，书中的文字就如同滴滴甘露，滋养着我的生命。

去年10月，也就是我大四上半学期，正当我为自己未来的道路深感迷茫时，一个偶然的机会，我在国考职位招录名单上，看到了深圳出入境边防检查站的名字，当时，心情是又激动又忐忑，因为成为一名人民警察，是我自小以来的梦想，但是，作为一名外国语学院还未毕业的学生，离国考已经不足两个月的时间了，我却没有丝毫的准备。想到这些，我不禁有些退缩，因为我害怕失败。晚上回到家，心情在不安和不甘之间挣扎，我便和往常一样，想通过读书来抚平躁动的心情。于是我随手拿起了一本新买的书——《牧羊少年的奇幻之旅》，一会儿工夫，我的整个身心就完全沉浸在了故事的情节里。主人公圣地亚哥为了追寻心中的梦想，不惜翻山越岭、披荆斩棘，最终在金字塔旁，他终于找到了梦寐以求的宝藏。一口气读完这个故事，夜已很深，我闭上眼睛静静地躺着，思绪却如脱缰的野马，穿越广袤的非洲大地，我看见了那个叫圣地亚哥的少年，他遍体鳞伤却依然面带微笑，他站在金字塔旁自豪地对我说："这个世上只有一样东西令梦想无法成真，那就是担心失败。"

于是，我的热血又沸腾了起来，我重新燃起了斗志，

我都会感谢自己平时阅读中对知识的大量积累和对意志的无形锻造。因为阅读，我的梦想才得以成真；因为阅读，我的人生才变得美好。

第二天一大早，我就坚定地申请报考了这个职位，然后着手准备，经过短短一个多月的艰苦努力，我如愿地通过了笔试，然后又一路经过了面试、政审、体能测试，直到今天穿上了梦寐以求的警服，当上了保家卫国的人民警察。

可是，梦想的实现，仅仅是靠一个多月的努力吗？当然不是，每当回想起整个过程里的诸多幸运，我都会感谢自己平时阅读中对知识的大量积累和对意志的无形锻造。因为阅读，我的梦想才得以成真；因为阅读，我的人生才变得美好。

有人说，一个人的精神发育史，应该是一个人的阅读史，而一个民族的精神境界，在很大程度上取决于全民族的阅读水平。我们正在举办的如火如荼的"读书月"活动，其实就是在倡导和鼓励大家在匆忙的生活中去寻找一份捧读的专注，在物质生活富足的同时，用知识和智慧去构建我们的灵魂家园。

当今的中华民族，正意气风发地走在实现伟大中国梦的征途上。作为一个上下五千年薪火相传的伟大民族，我们有着人类最源远流长的文化，那些见证了沧桑岁月、凝固着民族灵魂的书籍，就像是群星璀璨的天空，照鉴着民族前行的道路。因此，在步履不息的追梦路上我们一定不要忘了阅读，因为阅读让梦想成真。

喜欢阅读
真好

READING
CHANGES
LIFE

|// \ 阅读改变人生 \

大家好！我是深圳边检总站的黄婧娴，非常高兴能在这里认识大家。今天我为大家分享的演讲是"喜欢阅读真好"。

我今年刚大学毕业，回顾自己走过的人生历程和学习生涯，内心是充实的、快乐的。从小到大，我一直在亲人、邻里、老师和同伴的赞赏、夸奖中长大。在他们眼里，我是个优秀的女孩，命运的幸运儿，同龄人中的佼佼者。家里的书橱里与好书相伴的，是我许多的荣誉证书。中学时代我曾经取得过全市第一名的好成绩，似乎是家人的骄傲，母校和老师头上一道亮丽的光环。高中时的我已是党员，省级优秀学生干部，曾赴新加坡参加亚洲学生领袖交流与座谈会。大学时我是学风形象大使，并作为优秀大学生见学韩国。大学一毕业就轻松考到了深圳工作。是老天爷太眷爱我吗？不，撷取一路美丽的不是幸运，而是我从小喜欢阅读。喜欢阅读带给我信息，喜欢阅读带给我思考，喜欢阅读带给我力量，喜欢阅读带给我智慧……

大学时我主修法语，喜欢阅读的我因此常常与中法文学打交道。阅读，不仅仅在潜移默化中帮助我丰富语言，更深深地让我感受到了优秀文学作品散发出的魅力。就说我喜欢读的《小王子》，这部全世界大人、小孩，东方人、西方人都喜欢读的童话作品，让我们发现了那些在成长道路上丢失的信仰。小王子追求找寻的过程，恰恰就是我们每天的生活、我们的人生。我们是不是应该像孩子一样去学习，去好好看看我们生活的城市、我们身边的人？正是喜欢阅读，使我在紧张忙碌的人生成长阶段，都尽量保持着内心的宁静，并在心里时时都有着希望和温存，有着感动和关于驯养的责任。

现在，我工作了，阅读，依旧是我的喜好。让我倍感亲切的是深圳边检浓浓的爱读书、读好书的氛围。单位里有文学协会，有读书协会，在休息的备勤室里有藏书丰富的小书房，甚至还有一间叫做"书吧"的小休息室，让大家工作之余徜徉书海，分享人生乐趣。我身边更有许多爱书之人和读书之人，他们因为喜欢阅读，成为业务骨干；

因为喜欢阅读，变得睿智、富足；因为喜欢阅读，变得坚强、幸福……有个同事在壮年时遭遇了种种的不幸——妻子早逝、父母重病、孩子顽劣，接踵而来的打击并没有将他击倒，少年起养成的阅读习惯成为他调整自己现状的秘密武器，更成为他汲取精神力量的不竭源泉。如今多年过去了，伴随他的早就不是不幸与挫折，而是幸福的家庭与厚实的人生。喜欢阅读真好。

　　工作之余，我主动去亲近深圳这座年轻的城市，我惊喜地发现深圳不仅是座"创新之城""开放之城"，更是一座"读书之城"，到处都有爱书和读书之人，到处都有阅读资源的宝库。我可以去各高校"蹭课"，去各图书馆听讲座，去博物馆看展览，去泡书吧。我发现深圳图书馆就像一个大磁场，吸引着各行各业的人来到这里，几千人同处馆内却鸦雀无声，他们忘记了时间，享受着在这里驻足的幸福。我更发现在深圳中心书城的书店里，许多人一待就是一整天，甚至挑灯夜读；书架间，楼梯上，读者就是这里最独特最美丽的一道道风景。深圳中心书城著名的"24小时书吧"，从2006年11月至今7万个小时不打烊不熄灯，成为深圳人永远的灵魂灯塔。深圳，中国最年轻的城市，我们祖国改革开放的最前沿，在这里全民亲近

> 我身边更有许多爱书之人和读书之人，他们因为喜欢阅读，成为业务骨干；因为喜欢阅读，变得睿智、富足；因为喜欢阅读，变得坚强、幸福……

阅读、喜欢阅读，这不正是我们中华民族伟大复兴的力量吗？

人生路漫漫，阅读来相伴。喜欢阅读真好！就让阅读一路伴随着我们，让我们的人生更加美丽、更加富有！让中国梦在深圳、在神州大地延伸吧！

谢谢大家！